JN429146

AI와 게임 인문학

AI문고

인공지능 시대입니다. 기계가 인간의 인지를 대신하고, 사물이 인간을 통하지 않고 다른 사물과 직접 커뮤니케이션합니다. 이에 따른 인간 삶과 문명 변화를 정확히 이해 · 예측 · 대응하는 것은 이 시대 우리 모두의 과제입니다. AI문고는 인공지능 기술과 환경의 여러 주제를 10가지 키워드로 정리합니다. 관련 개념과 이론, 학계와 산업계의 쟁점, 우리 일상의 변화를 다룹니다. 인간과 기술의 현재, 미래를 세심히 분석합니다.

일러두기

- 인명, 작품명, 저서명, 개념어 등은 한글과 함께 괄호 안에 해당 국가의 원어를 병기했습니다.
- 외래어 표기는 현행 어문규정의 외래어표기법을 따랐습니다.
- 이 논문 또는 저서는 2021년 대한민국 교육부와 한국연구재단의 인문사회분야 신진연구자지원사업의 지원을 받아 수행된 연구임(NRF-2021S1A5A8068201)
This work was supported by the Ministry of Education of the Republic of Korea and the National Research Foundation of Korea(NRF-2021S1A5A8068201)

처음이세요?

전문가세요?

AI와 게임 인문학

박주희

대한민국, 서울, 커뮤니케이션북스, 2025

AI와 게임 인문학

지은이 박주희
펴낸이 박영률

초판 1쇄 펴낸날 2025년 4월 30일

커뮤니케이션북스(주)
출판 등록 2007년 8월 17일 제313-2007-000166호
02880 서울시 성북구 성북로 5-11
전화(02) 7474 001, 팩스(02) 736 5047
commbooks@commbooks.com
www.commbooks.com

ISBN 979-11-7307-942-9 03500

책값은 뒤표지에 표시되어 있습니다.

차례

게임 인문학에 대하여

21세기는 디지털 혁명의 시대다. 인공지능(AI, Artificial Intelligence)과 게임은 단순한 기술적 진보를 넘어서 우리의 삶과 문화에 깊숙이 스며들고 있다. 게임은 더 이상 단순한 오락 수단이 아니라 현대 사회의 다양한 문화적, 교육적, 예술적 요소들을 통합하고 반영하는 중요한 매체로 자리 잡고 있다. 이 저서는 이러한 맥락에서 게임의 인문학적 가치와 인공지능의 역할을 탐구하는 것을 목표로 한다.

게임 인문학은 게임을 통해 인문학적 주제와 사고를 탐구하고, 이를 통해 인간의 본질과 문화를 이해하는 학문이다. 인공지능은 이러한 게임 인문학의 영역을 확장하고 새로운 가능성을 열어 주는 강력한 도구가 되고 있다. AI는 게임의 스토리텔링을 풍부하게 하고 플레이어의 경험을 개인화하며, 게임 개발자들이 상상하지 못했던 새로운 차원의 인터랙티브 경험을 창출할 수 있도록 한다.

이 연구는 게임 인문학과 AI의 융합이 가져오는 다양

한 가능성과 도전 과제를 살펴보며, 이를 통해 인간의 창의성, 상상력 그리고 문화적 이해를 어떻게 증진할 수 있는지를 탐구하고자 한다. 게임과 인공지능의 상호작용을 통해 우리는 어떤 새로운 인문학적 통찰을 얻을 수 있을지, 그리고 이러한 통찰이 우리의 사회와 문화에 어떤 영향을 미칠 수 있을지를 고민해 보는 것이 이 저서의 주된 목적이다.

게임 인문학과 AI의 융합은 단순히 기술적 진보를 넘어 우리 시대의 새로운 문화적 패러다임을 제시한다. 이 연구를 통해 우리는 게임과 인공지능이 어떻게 함께 발전하며, 우리 사회에 긍정적인 변화를 이끌어 낼 수 있을지에 대한 새로운 시각을 제공하고자 한다.

이 책의 구성

이 책의 목차에 따라 각 장의 구성을 다음과 같이 자세하게 설명할 수 있다. 이 책은 게임의 인문학적 측면을 다루며, 다양한 주제를 통해 게임이 미치는 영향을 문화적, 사회적, 경제적 측면에서 깊이 있게 탐구한다.

1장에서는 게임 인문학의 정의와 중요성을 다룬다. 게임 인문학이란 무엇인지, 그리고 왜 중요한 학문인지에 대한 설명과 함께, 게임이 인간의 문화와 사회에 미치는 영향을 분석한다. 또한, 게임 인문학의 연구 범위와 방법론에 대한 개요를 제공한다.

2장에서는 게임의 기원부터 현대에 이르기까지의 발전 과정을 다룬다. 초기 아케이드 게임부터 콘솔 게임, PC 게임, 모바일 게임에 이르기까지의 역사적 변천 과정을 살펴보며, 각 시기별 주요 게임과 기술적 혁신을 분석한다. 또한, 게임 산업의 성장을 이끈 주요 사건들과 인물들을 소개한다.

3장에서는 게임이 현대 문화에 미치는 영향을 다룬다. 게임이 어떻게 문화적 현상으로 자리 잡았는지를 비롯하여 대중문화, 예술, 영화, 음악 등 다양한 분야에 미치는 영향을 분석한다. 또한, 게임이 사회적 가치관과 규범에 어떤 변화를 가져왔는지도 탐구한다.

4장에서는 게임이 예술로서의 가치를 지니는지에 대한 논의를 진행한다. 게임 디자인, 그래픽, 음악, 스토리텔링 등 게임의 예술적 요소를 분석하며, 게임이 현대 예술과 어떻게 융합되고 있는지를 탐구한다. 또한, 게임과 전통 예술의 비교와 예술적 표현으로서의 게임의 가능성을 살펴본다.

5장에서는 게임의 내러티브와 스토리텔링 기법을 다룬다. 게임 내에서 이야기 구조와 서사가 어떻게 형성되는지, 그리고 플레이어의 선택과 상호작용이 스토리에 미치는 영향을 분석한다. 또한, 문학적 관점에서 게임 내러티브를 해석하고 주요 게임 스토리텔링 사례를 소개한다.

6장에서는 게임이 제기하는 윤리적 문제를 다룬다. 폭력성, 잔인성, 과도한 몰입 등의 문제를 포함하여, 게임이 개인과 사회에 미치는 윤리적 영향을 분석한다. 또한, 이러한 문제들을 해결하기 위한 방안과 게임 산업의 윤리적 책임에 대해 논의한다.

7장에서는 교육 도구로서 게임의 역할을 다룬다. 게임 기반 학습의 개념과 효과를 분석하며, 게임이 학습 동기 부여, 문제 해결 능력 향상, 협동 학습과 사회적 기술 개발 등에 어떻게 기여할 수 있는지를 탐구한다. 또한, 교육 현장에서 게임을 활용한 사례와 그 성과를 소개한다.

8장에서는 게임이 인간의 심리에 미치는 영향을 다룬다. 게임이 스트레스 해소, 기분 전환, 사회적 상호작용 등에 미치는 긍정적 영향을 분석하며, 과도한 게임 플레이와 관련한 심리적 문제들도 함께 논의한다. 또한, 게임의 심리 치료적 활용 가능성을 탐구한다.

9장에서는 게임 산업의 경제적 영향을 다룬다. 게임

산업의 성장과 발전, 경제적 파급 효과, 고용 창출 등을 분석하며, 게임이 국가 경제와 글로벌 시장에 미치는 영향을 탐구한다. 또한, 게임 산업의 미래 전망과 주요 과제에 대해 논의한다.

10장에서는 미래의 게임 인문학을 다룬다. 기술 혁신과 사회적 변화에 따라 게임 인문학이 어떻게 발전할지 예측하며, 새로운 연구 주제와 접근 방식을 탐구한다. 또한, 미래의 게임이 문화와 사회에 미칠 영향과 게임 인문학의 역할에 대해 논의한다.

이 책은 게임의 다양한 측면을 종합적으로 다루며, 게임이 현대 사회와 문화에 미치는 깊은 영향을 탐구한다. 이를 통해 독자들은 게임 인문학의 중요성과 게임의 복잡한 문화적 의미를 더욱 잘 이해할 수 있을 것이다.

인문학의 의미

디지털 시대에 인문학은 다양한 의미와 역할을 가진다. 디지털 기술의 급속한 발전과 확산은 인류의 삶과 사고방식에 깊은 영향을 미쳤으며, 이에 따라 인문학도 새로운 관점에서 재조명되고 있다. 학술적으로 디지털 시대의 인문학은 다음과 같은 몇 가지 주요한 의미를 가진다.

먼저, 정보의 접근성과 확산이다. 디지털 기술의 발달

로 정보의 접근성이 획기적으로 증가하였다. 인터넷을 통해 방대한 양의 정보에 쉽게 접근할 수 있게 되었으며, 이는 인문학 연구에서 중요한 전환점이 되었다. 디지털 도서관, 온라인 학술지, 데이터베이스 등의 출현으로 연구자들은 풍부한 자료를 제공받게 되었고, 이를 바탕으로 보다 심도 있는 연구가 가능해졌다.

다음으로, 융합 학문으로서의 역할이다. 디지털 시대에 들어서며 인문학과 과학 기술의 경계가 점차 모호해지고 있다. 디지털 인문학(Digital Humanities)은 컴퓨터 과학, 데이터 분석, 인공지능 등의 기술을 활용하여 전통적인 인문학 연구에 새로운 방법론을 도입하고 있다. 이를 통해 문학, 역사, 철학 등의 분야에서 새로운 연구 방법과 시각이 제시되고 있다.

이어서, 문화와 정체성의 재구성이다. 디지털 기술은 문화와 정체성의 형성에도 큰 영향을 미쳤다. 소셜 미디어, 가상 현실, 디지털 예술 등의 플랫폼을 통해 개인과 집단의 정체성이 새롭게 구성되며, 또한 표현되고 있다. 인문학은 이러한 변화를 분석하고 이해하는 데 중요한 역할을 한다. 예를 들어, 디지털 환경에서의 인간 상호작용, 온라인 커뮤니티의 형성, 디지털 예술의 표현 방식 등을 연구함으로써 현대 사회의 문화를 이해하는 데 기여하고 있다.

나아가, 윤리적, 철학적 문제의 제기다. 디지털 기술의 발전은 새로운 윤리적, 철학적 문제를 야기하고 있다. 개인 정보 보호, 인공지능의 윤리적 사용, 디지털 격차 등의 문제는 현대 사회에서 중요한 논의 주제다. 인문학은 이러한 문제들을 심도 있게 탐구하고, 해결책을 모색하는 데 중요한 역할을 한다.

마지막으로, 교육의 혁신이다. 디지털 기술은 교육 환경에도 큰 변화를 가져왔다. 온라인 강의, 온라인 공개 수업(MOOC, Massive Open Online Course), 가상 학습 환경 등은 교육의 접근성과 효율성을 높이고 다양한 학습 방식을 가능하게 한다. 인문학 교육 역시 이러한 변화를 수용하여 디지털 기술을 활용한 창의적이고 혁신적인 교육 방법을 모색하고 있다.

게임의 의미

게임은 현대 사회에서 다층적인 의미를 가지며 다양한 측면에서 중요한 역할을 한다. 게임의 의미를 학술적으로 자세히 살펴보면 다음과 같다.

첫째로, 문화적 의미가 있다. 게임은 이제 단순한 오락의 범주를 넘어 문화적 현상으로 자리 잡았다. 게임은 스토리텔링, 음악, 비주얼 아트 등 여러 예술 형식을 종합한 종합 예술로 간주될 수 있다. 게임 속의 스토리와 세계관은 플레이어들에게 깊은 인상을 남기며, 이는 현대 문학이나 영화와 비교할 수 있을 정도로 강력한 문화적 영향력을 가지고 있다. 예를 들어, 많은 게임들이 독창적인 세계관과 복잡한 서사 구조를 통해 플레이어들에게 새로운 경험을 제공한다.

둘째로, 사회적 의미가 있다. 게임은 사회적 상호작용의 중요한 매체가 되었다. 대규모 다중 사용자 온라인 롤플레잉 게임(MMORPG, Massively Multiplayer Online Role Playing Game)이나 e스포츠 대회 등은 전 세계 플레이어들이 소통하고 협력하며 경쟁할 수 있는 장을 마련한다. 이러한 사회적 상호작용은 개인 간의 협동과 경쟁, 팀워크의 중요성을 일깨운다. 또한, 게임은 특정 커뮤니티 형성에도 기여하며, 게임 내에서의 경험이 현실 세계에서의 관계 형성에도 영향을 미친다.

셋째로, 경제적 의미가 있다. 게임 산업은 전 세계적으로 막대한 경제적 가치를 창출하고 있다. 게임 개발, 배급, 마케팅 그리고 e스포츠와 같은 분야는 수많은 일자리를 창출하며 글로벌 경제에 중요한 기여를 하고 있다. 특히 모바일 게임의 급성장은 게임 산업의 범위와 영향을 크게 확장했다.

넷째로, 심리적 의미가 있다. 게임은 심리적 측면에서도 중요한 의미를 가진다. 게임은 스트레스 해소, 창의력 증진, 문제 해결 능력 향상 등의 긍정적인 효과를 가져올 수 있다. 예를 들어, 많은 연구에서 게임이 인지 능력과 반응 속도를 향상하는 데 도움을 준다는 결과가 나왔다. 하지만 과도한 게임 플레이는 중독 문제를 초래할 수 있으며, 이에 대한 적절한 조절이 필요하다.

다섯째로, 교육적 의미가 있다. 게임은 교육적인 도구로도 활용될 수 있다. 교육용 게임은 학습 과정을 재미있고 흥미롭게 만들며, 복잡한 개념을 쉽게 이해하도록 도와준다. 예를 들어, 역사 교육 게임은 플레이어가 과거의 사건을 체험하며 배울 수 있게 한다. 또한, 게임은 협력 학습과 문제 해결 능력을 배양하는 데도 효과적이다.

끝으로, 철학적 의미가 있다. 게임은 현실과 가상의 경계를 탐구하는 철학적 질문을 제기한다. 게임 내에서의 규칙과 현실 세계의 규칙 간의 차이점, 플레이어의 선택과 그 결과 그리고 게임의 목적과 의미에 대한 깊은 성찰을 유도한다. 예를 들어, 게임의 '자유의지'와 '결정론'에 관한 논의는 플레이어로 하여금 자신의 삶과 선택에 대해 고민하게 만든다.

게임은 이제 단순한 오락을 넘어 우리의 문화, 사회, 경제, 심리, 교육, 철학에 깊은 영향을 미치는 중요한 현상으로 자리 잡고 있다. 게임은 현대 사회에서 다양한 역할과 의미를 갖게 되었으며, 앞으로도 그 중요성은 더욱 커질 것이다.

집필 의도

게임 인문학은 다음과 같은 몇 가지 주된 목적과 목표를 가지고 집필되었다. 먼저, 게임에 대한 문화적 인식을 확장하는 것이다. 게임은 현대 사회에서 중요한 문화적 현상 중 하나이지만, 여전히 많은 사람들이 게임을 단순한 오락으로만 인식하고 있다. 이 책은 게임을 예술과 문화, 그리고 철학적 관점에서 바라보며, 게임이 단순한 오락을 넘어 어떤 깊은 의미를 가지고 있는지를 탐구하고자 한다. 이를 통해 독자들이 게임을 보다 풍부하고 다층적으로 이해할 수 있도록 돕고자 한다.

다음으로, 학제 간 접근법을 도입하는 것이다. 게임을 분석하기 위해서는 다양한 학문적 접근이 필요하다. 이 책은 문학, 역사, 철학, 예술 등 인문학의 여러 분야와 게임을 융합하여 게임을 다각도로 분석한다. 이를 통해 게임이 가진 복합적인 의미를 조명하고, 학제 간 연구의 가능성을 제시하고자 한다.

또한, 게임의 교육적 잠재력을 탐구하는 것이다. 게임은 교육적인 도구로서도 큰 잠재력을 가지고 있다. 이 책은 게임을 어떻게 학습과 교육에 활용할 수 있는지를 탐구하고, 교육적 게임의 사례와 효과를 분석한다. 이를 통해 게임을 교육 현장에서 어떻게 활용할 수 있는지에 대한 구체적인 방안을 제시하고자 한다.

게임의 사회적 영향력을 고찰하는 것도 중요한 목적 중 하나다. 게임은 사회적 상호작용과 커뮤니티 형성에 중요한 역할을 한다. 이 책은 게임이 사회적 관계에 미치는 영향과 게임 내에서의 상호작용이 현실 세계에 어떻게 반영되는지를 분석한다. 이를 통해 게임이 사회적 관계 형성과 커뮤니티 구축에 미치는 긍정적, 부정적 영향을 균형 있게 논의하고자 한다.

마지막으로, 윤리적 문제와 철학적 질문을 제기하는 것이다. 게임은 다양한 윤리적, 철학적 문제를 야기할 수 있다. 이 책은 게임 내에서 발생할 수 있는 윤리적 문제와 철학적 질문을 탐구하고, 이에 대한 다양한 관점을 제시한다. 이를 통해 독자들이 게임을 단순히 즐기는 것을 넘어, 게임이 야기하는 복합적인 문제들에 대해 깊이 생각할 수 있도록 돕고자 한다.

이 책은 게임을 단순한 오락을 넘어서 문화, 예술, 교육, 사회, 철학적 관점에서 심도 있게 탐구하고자 하는 목적을 가지고 있다. 독자들이 게임을 통해 새로운 인문학적 시각을 획득하고, 게임이 우리의 삶과 사고에 미치는 다양한 영향을 고찰할 수 있도록 하는 것이 이 책의 주된 집필 의도이다.

게임 인문학의 비전

게임 인문학의 비전은 미래의 다양한 변화와 도전 과제를 포괄하며, 게임이 인류 문화와 사회에 미치는 긍정적인 영향을 극대화하는 데 중점을 둔다. 다음은 게임 인문학의 비전이다.

먼저, 문화적 다양성의 촉진이다. 게임은 다양한 문화적 배경과 이야기를 전달하는 중요한 매체로 자리 잡을 것이다. 게임 인문학은 이러한 문화적 다양성을 촉진하며, 세계 각지의 다양한 이야기를 게임을 통해 소개하고 공유하는 역할을 한다. 이를 통해 게임이 글로벌 문화 교류의 장으로 기능할 수 있도록 한다.

두 번째로, 교육적 도구로서의 활용 확대다. 게임은 교육 분야에서 중요한 도구로 자리 잡을 것이다. 게임 인문학은 교육용 게임의 개발과 활용을 통해 학습의 효율성을 높이고, 게임을 통해 학생들이 보다 즐겁고 흥미롭게 학습할 수 있도록 한다. 이를 통해 게임이 교육의 혁신을 이루는 데 기여할 것이다.

세 번째로, 사회적 연결망 강화다. 게임은 사람들 간의 연결을 강화하는 데 중요한 역할을 한다. 게임 인문학은 게임을 통해 다양한 사회적 상호작용을 촉진하고, 이로써 사람들 간의 관계 형성과 커뮤니티 구축을 도모한다. 이를 통해 게임이 사회적 연결망을 강화하고, 협력과 소통의 매개체로서 기능할 수 있도록 한다.

네 번째로, 윤리적 기준 수립이다. 게임의 발전과 함께 윤리적 문제 또한 중요하게 다루어져야 한다. 게임 인문학은 게임 개발과 플레이 과정에서 발생할 수 있는 윤리적 문제를 탐구하고, 이를 해결하기 위한 윤리적 기준을 수립하는 데 기여한다. 이를 통해 게임이 보다 윤리적이고 책임감 있게 제작되고 소비될 수 있도록 한다.

게임 예술의 수용과 발전도 중요한 부분이다. 게임은 예술의 한 형태로 인식될 수 있으며, 게임 인문학은 사회가 이를 수용하고 발전시키는 것을 고무하는 역할을 한다. 게임의 서사, 디자인, 음악 등 예술적 요소를 분석하고 연구함으로써, 게임이 예술로서의 가치를 인정받고 발전할 수 있도록 한다.

마지막으로, 기술과의 융합이다. 게임은 최신 기술과의 융합을 통해 지속적으로 진화할 것이다. 게임 인문학은 가상 현실(VR, Virtual Reality), 증강 현실(AR, Augmented Reality), 인공지능(AI) 등의 기술을 게임에 적용하여 새로운 경험을 창출하는 방법을 연구한다. 이를 통해 게임이 기술 발전과 함께 새로운 가능성을 열어갈 수 있도록 한다.

게임 인문학은 게임이 단순한 오락을 넘어 다양한 문화적, 사회적, 교육적, 예술적 가치를 지니고 있음을 인식하고, 이를 바탕으로 게임이 현대 사회에서 긍정적인 영향을 미칠 수 있도록 하는 비전을 가지고 있다. 앞으로도 게임 인문학은 게임이 인간 경험을 풍부하게 하고, 새로운 가능성을 제시하는 중요한 매체로 자리 잡을 수 있도록 지속적으로 연구하고 발전해 나갈 것이다.

01

게임 인문학이란

게임 인문학은 게임을 단순히 오락의 도구로 보지 않고, 게임을 통해 인간의 본질과 문화를 탐구하는 학문이다. 철학, 문학, 역사, 예술 등 다양한 인문학적 요소를 게임에 결합하여, 플레이어가 경험하는 내러티브와 상호작용을 통해 인간의 심리, 사회적 구조, 문화적 표현을 이해하는 데 기여한다. 또한, 게임을 통해 윤리적 딜레마와 도덕적 성찰을 촉진하고, 다문화적 이해와 포용을 증진하는 중요한 역할을 한다.

AI와 1인 창업?

인간의 존재와 정체성 탐구

게임은 플레이어로 하여금 다양한 역할과 정체성을 경험하게 함으로써 인간의 본질과 존재에 대한 깊은 이해를 제공한다. 게임 속에서 플레이어는 새로운 자아를 탐구하고, 자신이 아닌 다른 존재로서의 삶을 살아 보는 경험을 통해 정체성의 유동성과 다층성을 깨닫게 된다. 게임은 플레이어에게 다양한 윤리적 선택과 도덕적 딜레마를 제시함으로써 인간의 도덕성과 윤리에 대한 깊은 성찰을 유도한다. 게임 속에서 플레이어는 선과 악, 정의와 불의, 희생과 이익 등 다양한 가치 판단을 경험하게 되며, 이를 통해 자신의 도덕적 기준을 재검토하거나 확립할 수 있다.

플라톤 철학과 게임 인문학의 융합

플라톤은 고대 그리스의 철학자로, 그의 이데아론(형상론)은 현실 세계의 모든 것이 이상적인 형태(이데아)의 불완전한 복사본이라고 주장했다. 이 이데아들은 물질 세계를 초월한 완전하고 영원한 형태로 존재하며, 우리가 인식하는 현실은 이데아들의 그림자에 불과하다는 것이다. 플라톤의 이론은 인간의 인식과 지식의 본질에 대한 깊은 통찰을 제공하며, 오늘날의 철학적 논의에 큰 영향을 미쳤다.

게임 인문학은 게임을 단순한 오락의 도구로 보는 것을 넘어, 인간의 본질과 문화를 탐구하는 중요한 매체로서 접근하는 학문이다. 게임은 플레이어에게 다양한 역할과 정체성을 경험하게 함으로써, 인간의 본질과 존재에 대한 깊은 이해를 제공한다. 게임 속에서 플레이어는 새로운 자아를 탐구하고, 자신이 아닌 다른 존재로서의 삶을 살아 보는 경험을 통해 정체성의 유동성과 다층성을 깨닫게 된다.

플라톤의 이데아론을 게임 인문학에 적용하면, 게임 속 세계는 현실 세계의 불완전한 복사본이 아니라 완전하고 이상적인 이데아의 형태라고 볼 수 있다. 게임은 현실 세계에서 불가능한 경험과 상호작용을 가능하게 하며, 이를 통해 플레이어는 새로운 형태의 이데아를 경험하게 된다. 예를 들어, 〈월드 오브 워크래프트(World of Warcraft)〉와 같은 MMORPG(대규모 다중 사용자 온라인 롤플레잉 게임)는 플레이어에게 가상 세계에서의 삶을 경험하게 하여, 현실과는 다른 형태의 사회적 상호작용과 정체성을 탐구할 수 있게 한다.

게임 인문학은 또한 장 보드리야르의 시뮬라크르와 시뮬라시옹 이론과도 연관될 수 있다. 보드리야르는 시뮬라크르가 현실을 모방하거나 재현하는 것이 아니라, 그 자체로 새로운 현실을 창조한다고 주장했다. 게임은 이러한 시뮬라크르의 역할을 수행하며, 플레이어에게 현실과 가상의 경계를 허무는 경험을 제공한다. 플라톤의 이데아론과 보드리야르의 시뮬라크르 이론을 결합하면, 게임은 단순한 현실의 복사본이 아닌, 새로운 형태의 이데아를 창조하고 경험하게 하는 매체로 이해될 수 있다.

게임 인문학은 또한 윤리와 도덕적 딜레마를 탐구하는 데 중요한 역할을 한다. 게임은 플레이어에게 다양한 윤리적 선택과 도덕적 딜레마를 제시함으로써, 인간의 도덕성과 윤리에 대한 깊은 성찰을 유도한다. 플라톤의 철학적 관점에서 이러한 윤리적 선택은 이데아의 본질을 탐구하고 이상적인 도덕적 형태를 추구하는 과정으로 이해될 수 있다.

상호작용과 커뮤니케이션의 철학

게임은 상호작용을 기반으로 하는 미디어로서, 인간 간의 커뮤니케이션 방식과 그 의미를 탐구하는 데 중요한 역할을 한다. 플레이어들은 게임을 통해 협력과 경쟁, 소통과 갈등을 경험하며, 이러한 상호작용을 통해 인간 사회의 다양한 관계와 커뮤니케이션의 본질을 이해하게 된다.

게임 상호작용에 대한 학술적인 연구는 다양한 관점에서 이루어지고 있다. 예를 들어, 온라인 게임에서의 사회적 상호작용은 사용자의 충만감과 중독에 영향을 미친다는 연구가 있다. 이 연구에서는 사회적 상호작용이 게임 경험에 긍정적인 영향을 미치지만, 과도한 상호작용은 중독을 유발할 수 있다고 결론지었다. 또한, 대규모 다중 사용자 온라인 롤플레잉 게임에서의 상호작용이 현실 경험에 긍정적인 영향을 미친다는 연구도 있다. 이 연구에서는 사회적 상호작용이 게임 사용자들 간의 연결 고리를 형성하고, 현실 세계와의 결속을 강화한다고 보았다.

커뮤니케이션은 인간의 상호작용에서 핵심적인 역할을 한다. 게임은 이러한 커뮤니케이션의 새로운 장을 열어 주며, 플레이어 간의 소통 방식과 협력을 탐구하는 중요한 매체가 된다. 특히 멀티플레이어 게임에서는 텍스트 채팅, 음성 채팅, 제스처 등 다양한 커뮤니케이션 도구를 통해 플레이어들이 서로 정보를 교환하고 협력할 수 있다. 예를 들어, 팀 기반 게임에서는 전략적 의사소통이 승리에 중요한 역할을 한다. 이러한 커뮤니케이션은 사회적 기술을 향상하고, 팀워크와 협력의 중요성을 배우게 한다.

게임 철학은 게임이 단순한 오락을 넘어서, 인간 존재와 문화에 대한 깊은 이해를 제공하는 방법을 탐구한다. 이는 게임이 어떻게 현실과 상상의 경계를 허물고, 플레이어가 자신의 정체성을 탐구하고 윤리적 딜레마를 마주하게 하는지에 대한 질문을 포함한다. 게임은 플레이어에게 다양한 역할과 시나리오를 경험하게 하여 현실 세계에서는 경험할 수 없는 다양한 상황을 제공하며, 이를 통해 플레이어는 새로운 형태의 자아와 존재를 탐구할 수 있다. 또한 플라톤의 이데아론과 보드리야르의 시뮬라크르 이론 등 철학적 관점을 적용함으로써 게임이 인간의 인식과 도덕적 판단에 미치는 영향을 분석할 수 있다.

시뮬라크르와 시뮬라시옹

장 보드리야르의 시뮬라크르와 시뮬라시옹 이론에 따르면, 게임은 현실을 모방하거나 재현하는 것이 아니라 그 자체로 새로운 현실을 창조하는 역할을 한다. 게임은 현실의 연장선상에서 새로운 의미와 가치를 창출하며, 이를 통해 현실과 가상의 경계를 허무는 경험을 제공하게 된다.

게임은 다양한 문화적 요소와 예술적 표현을 융합하여 새로운 형태의 문화 콘텐츠를 창출한다. 게임 속에서 플레이어는 음악, 미술, 문학, 역사 등 다양한 예술과 문화를 경험하게 되며, 이를 통해 문화적 이해와 예술적 감수성을 향상할 수 있다.

게임 인문학은 이처럼 게임을 통해 인간의 본질, 사회적 관계, 윤리적 딜레마, 문화적 이해 등을 탐구하는 철학적 학문이다. 이 학문을 통해 우리는 게임이 단순한 오락을 넘어서, 인간과 사회를 깊이 있게 이해하는 데 중요한 도구가 될 수 있음을 깨닫게 된다.

참고문헌

Bogost, I.(2011). *How to do things with videogames.* University of Minnesota Press.

Caillois, R.(2001). *Man, play and games.* University of Illinois Press.

Gee, J. P.(2007). *What video games have to teach us about learning and literacy.* Palgrave Macmillan.

Huizinga, J.(1950). *Homo ludens: A study of the play-Element in culture.* Beacon Press.

Juul, J.(2005). *Half-real: Video games between real rules and fictional worlds.* MIT Press.

McLuhan, M.(1994). *Understanding media: The extensions of*

man. MIT Press.
Suits, B.(2005). *The grasshopper: Games, life and utopia*. Broadview Press.

02
게임의 역사와 발전

게임 산업은 20세기 중반 아케이드 게임으로 시작한다. 이후 가정용 콘솔, PC, 모바일 게임으로 발전한다. 초기엔 단순한 그래픽과 게임 플레이에 불과했으나, 기술 발전과 함께 복잡한 그래픽, 몰입형 스토리, 멀티플레이어 기능이 도입된다. 최근에는 VR과 AR 기술로 새로운 차원의 게임 경험을 제공한다. 게임 산업은 글로벌 시장에서 중요한 문화적, 경제적 위치를 차지하고 있다.

AI와 MBTI?

고대 중세 시대

보드게임과 카드 게임은 고대 이집트의 〈세네트〉와 메소포타미아의 〈왕의 게임〉에서 시작되었다. 이 게임들은 종교적 또는 사회적 의미를 지니며, 인간의 전략적 사고와 경쟁 본능을 자극한다. 뼈와 돌, 조개껍데기, 막대기 등을 사용하였고 신탁적이고 예견적인 기능도 존재했다. 체스와 같은 보드게임은 15세기 무렵 스페인과 이탈리아에서 형성되기 시작했다. 카드 게임도 15세기 동안 발달하였으며, 지역적으로 다양한 스타일의 카드가 등장하였고 그림 카드들은 유럽 왕족들을 묘사하는 형태로 발전했다.

현대 디지털 시대

현대의 게임은 1947년에 제작된 〈음극관 놀이 장치(Cathode Ray Tube Amusement Device)〉에서 시작한다. 이 장치는 최초의 컴퓨터 게임으로 알려져 있으며, 전자적인 놀이의 시작을 알렸다. 이어서 1958년에 만들어진 〈테니스 포 투(Tennis for Two)〉는 그래픽 표시 장치를 사용한 최초의 게임으로, 사람들에게 그래픽 인터페이스를 통한 게임 플레이의 가능성을 보여 줬다.

1961년, MIT(Massachusetts Institute of Technology)

의 해커인 스티브 러셀은 〈스페이스워!(Spacewar!)〉를 개발한다. 이 게임은 최초의 그래픽 게임 중 하나로, 우주를 배경으로 한 2인용 대전 슈팅 게임이다. 이 게임을 통해 현대 비디오 게임의 기반이 마련되었다.

1972년, 최초의 상업적 비디오 게임기로 마그나복스 오디세이가 출시된다. 이 게임기는 〈브라운 박스(Brown Box)〉라는 게임을 포함하고 있었으며, 대중에게 비디오 게임의 매력을 선보였다. 같은 해, 〈퐁(Pong)〉이 출시되며 최초로 성공한 상업적 게임이 된다. 퐁은 랄프 베어가 개발한 게임으로, 비디오 게임 산업의 급성장을 이끌었다.

이러한 혁신적인 발명과 개발은 오늘날의 다양한 게임 경험을 가능하게 했다. 비디오 게임은 기술의 발전과 함께 지속적으로 진화하며, 전 세계적으로 많은 사람들에게 즐거움과 창의적인 경험을 제공하기에 이른다.

기술의 발전과 함께 컴퓨터 게임의 씨앗이 뿌려졌고, 이로써 기계식 아케이드 게임의 역사가 시작되었다. 이후 1970년대에 비디오 게임이 등장하면서 게임 산업은 급격히 성장하기 시작했다. 1990년대에 들어서며 인터넷의 발전과 함께 온라인 게임이 활발히 발전했고, 2000년대에는 스마트폰의 보급과 함께 모바일 게임이 큰 인기를 끌게 되었다. 최근에는 VR과 AR 기술이 새로운 게임 경험을 제공하고 있으며, 인공지능 기술은 게임의 스토리텔링과 플레이어 경험을 개인화하고 새로운 차원의 인터랙티브 경험을 창출하고 있다.

21세기에 들어서며 게임의 다양성과 기술적 발전이 급격히 이루어진다. 이 시기에는 여러 종류의 게임이 등장하였으며, 각기 다른 내용과 특성을 가지고 있다.

액션 게임은 플레이어의 반응 속도와 조작 능력을 시험하는 게임으로, 주로 전투, 점프, 회피 등의 액션을 통해 적을 물리치고 목표를 달성하는 내용을 담고 있다.

어드벤처 게임은 이야기와 탐험을 중심으로 하며, 플레이어는 다양한 퍼즐을 해결하고 이야기를 진행하며 게임 세계를 탐험한다.

롤플레잉 게임(RPG, Role Playing Game)은 플레이어가 캐릭터를 성장시키며 이야기를 진행하는 게임으로, 퀘스트를 완료하고 경험치를 얻어 캐릭터를 강하게 만드는 것이 주요 내용이다.

시뮬레이션 게임은 현실 세계의 활동을 가상으로 재현하는 게임으로, 플레이어는 가상의 세계에서 다양한 상황을 경험하고 관리할 수 있다.

전략 게임은 자원 관리와 전투 전략을 통해 플레이어

가 자신의 부대를 지휘하고 적을 물리치는 게임이다.

스포츠 게임은 다양한 스포츠 활동을 가상으로 재현한다. 플레이어는 축구, 농구, 골프 등 다양한 스포츠 경기를 플레이할 수 있다.

퍼즐 게임은 논리적 사고와 문제 해결 능력을 시험하는 게임으로, 플레이어는 다양한 퍼즐을 풀어 목표를 달성해야 한다.

공포 게임은 무서움과 긴장감을 조성하는데, 플레이어는 두려움과 공포를 극복하며 게임을 진행해야 한다.

대규모 다중 사용자 온라인 게임은 다수의 플레이어가 동시에 참여하는 게임으로, 플레이어는 다른 사람들과 협력하거나 경쟁하며 게임을 즐긴다.

가상 현실(VR) 게임은 가상 현실 기술을 이용해 플레이어에게 몰입감 있는 경험을 제공하며, VR 헤드셋을 착용하고 게임 세계를 탐험한다.

이와 같이 21세기는 다양한 종류의 게임들이 등장하고 발전한 시기이며, 각 게임은 고유한 내용과 특성을 가지고 플레이어에게 다양한 경험을 제공한다.

현대에는 다양한 장르와 스타일의 게임이 존재한다. 이들 게임은 기술의 발전과 함께 더욱 다양하고 흥미로운 경험을 제공한다.

오픈 월드 게임은 플레이어가 넓은 게임 세계를 자유롭게 탐험할 수 있는 게임을 의미한다. 예를 들어, 〈젤다의 전설: 브레스 오브 더 와일드(The Legend of Zelda: Breath of the Wild)〉는 플레이어가 하이랄 왕국을 탐험하며 다양한 퀘스트를 수행하고 적을 물리치는 게임이다. 이 게임은 자유로운 탐험과 고유의 스토리 라인을 결합한 점에서 많은 찬사를 받고 있다.

배틀 로얄 게임은 다수의 플레이어가 하나의 맵에서 생존 경쟁을 펼치는 게임이다. 〈포트나이트(Fortnite)〉는 전 세계적으로 많은 플레이어들이 즐기는 게임으로, 독특한 건축 요소와 빠른 템포의 전투로 인기를 끌었다.

롤플레잉 게임으로는 〈더 위쳐 3: 와일드 헌트(The Witcher 3: Wild Hunt)〉가 있다. 이 게임은 깊이 있는 스토리와 방대한 오픈 월드를 제공하며, 플레이어는 다양한 퀘스트를 수행하고 몬스터를 사냥한다.

퍼즐 게임 〈테트리스 이펙트(Tetris Effect)〉는 클래식 게임인 테트리스의 최신 버전으로 몰입감 있는 시각 효과와 음향 효과를 결합하여 플레이어에게 새로운 경험을 제공한다.

시뮬레이션 게임으로는 〈더 심즈 4(The Sims 4)〉가 있다. 이 게임은 플레이어가 가상 가족을 만들어 그들의 삶을 관리하고 집을 꾸미며 다양한 상황을 경험하는 게임이다.

1인칭 슈팅 게임(FPS, First Person Shooter)은 플레이어가 1인칭 시점으로 전투에 참여하는 게임이다. 〈콜 오브 듀티: 워존(Call of Duty: Warzone)〉은 배틀 로얄 형식의 FPS 게임으로, 빠른 템포와 긴장감 넘치는 전투 경험을 제공한다.

인디 게임은 소규모 개발 팀이 제작한 게임으로, 독창적이고 실험적인 게임 플레이를 특징으로 한다. 〈하데스(Hades)〉는 그리스 신화를 배경으로 한 로그라이크 게임으로, 매번 다른 도전을 제공하며 높은 난이도와 중독성 있는 게임 플레이로 많은 찬사를 받았다.

액션 어드벤처 게임으로는 〈언차티드 4: 해적왕과 최후의 보물(Uncharted 4: A Thief's End)〉가 있다. 이 게임은 주인공 네이선 드레이크가 보물을 찾기 위해 세계 여러 곳을 탐험하는 이야기로, 영화 같은 스토리텔링과 인상적인 그래픽을 특징으로 한다.

서바이벌 호러 게임의 대표적인 예로는 〈레지던트 이블 2(Resident Evil 2)〉가 있다. 이 게임은 좀비가 가득한 도시에서 생존을 위해 싸우는 내용을 담고 있으며, 긴장감 넘치는 분위기와 퍼즐 요소로 플레이어를 사로잡는다.

전략 시뮬레이션 게임으로는 〈시드 마이어의 문명 VI(Sid Meier's Civilization VI)〉가 있다. 이 게임은 플레이어가 문명을 건설하고 확장하며 역사를 통해 다양한 도전을 극복하는 턴제 전략 게임이다. 깊이 있는 전략적 요소와 다채로운 플레이 방식을 제공한다.

리듬 게임으로는 〈비트 세이버(Beat Saber)〉가 있다. 이 게임은 가상 현실 환경에서 레이저 검을 사용하여 음악의 비트에 맞춰 블록을 자르는 게임으로, 몰입감 있는 플레이 경험을 제공한다.

스포츠 게임의 예로는 〈피파 22(FIFA 22)〉가 있다. 이 게임은 축구 시뮬레이션 게임으로, 플레이어는 세계적인 축구 선수들이나 가상의 팀을 조작하여 경기를 즐길 수 있다. 현실적인 그래픽과 정교한 게임 플레이가 특징이다.

샌드박스 게임으로는 〈마인크래프트(Minecraft)〉가 있다. 이 게임은 블록으로 구성된 세상을 탐험하고 건설하는 게임으로, 생존 모드에서는 자원을 채집하고 도구를 제작하며, 창작 모드에서는 자유롭게 건축물을 만들 수 있어, 플레이어가 무한한 창의력을 발휘할 수 있는 공간을 제공한다.

스토리 기반 게임으로는 〈더 라스트 오브 어스 파트 2(The Last of Us Part II)〉가 있다. 강렬한 스토리와 감정적인 여정을 그린 게임으로, 탁월한 내러티브와 캐릭터 개발로 많은 상을 수상했다.

〈클래시 오브 클랜(Clash of Clans)〉은 슈퍼셀에서 개발한 인기 모바일 전략 게임이다. 이 게임은 플레이어가 자신만의 마을을 건설하고, 자원을 수집하며, 병력을 훈련하여 다른 플레이어의 마을을 공격하거나 방어하는 게임이다. 플레이어는 다양한 건물과 방어 시설을 건설하고, 트룹을 배치하여 전략적으로 마을을 보호한다. 또한, 클랜 가입을 통해 다른 플레이어와 협력하여 클랜 전쟁을 벌일 수 있다.

〈클래시 오브 클랜〉은 뛰어난 그래픽과 중독성 있는 게임 플레이로 많은 사랑을 받고 있으며, 전략적인 사고와 계획이 중요한 요소로 작용한다. 이 게임은 플레이어가 자신의 마을을 성장시키고, 다른 플레이어와 경쟁하며, 팀워크를 통해 승리를 쟁취하는 경험을 제공한다.

참고문헌

Donovan, T.(2010). *Replay: The history of video games.* Yellow Ant.

Goldberg, H. & Wilson, M.(2011). A*ll your base are belong to us: How fifty years of videogames conquered pop culture.* Three Rivers Press.

Herman, L.(2016). *Phoenix IV: The history of the videogame industry.* Rolenta Press.

Kent, S. L.(2001). *The ultimate history of video games: From pong to pokemon and beyond.* Three Rivers Press.

Raessens, J. & Goldstein, J. H. (Eds.)(2005). *Handbook of computer game studies.* MIT Press.

Wolf, M. J. P.(2007). *The video game explosion: A history from pong to playstation and beyond.* Greenwood.

03
게임의 문화적 영향

게임은 예술, 음악, 영화 등 다양한 문화적 표현에 영감을 주며, 현대 사회의 중요한 문화적 요소로 자리 잡았다. 게임은 전 세계적으로 사람들이 연결되고 소통할 수 있는 글로벌 커뮤니티를 형성하는 데 기여하고 있다. 교육적 도구로서 학습을 돕고, 인지 능력 향상에도 기여하며, 경제적으로도 큰 영향을 미친다. 게임 산업은 일자리 창출과 경제 성장에 중요한 역할을 하고 있으며, 새로운 기술 발전을 촉진한다.

AI와 난임 극복?

게임과 사회적 상호작용

온라인 게임은 전 세계의 사람들을 하나로 연결하는 중요한 매체다. 온라인 게임을 통해 플레이어들은 가상 공간에서 다양한 형태의 상호작용을 경험하게 된다.

온라인 게임은 새로운 형태의 사회적 커뮤니티를 형성한다. 다양한 게임 커뮤니티가 형성되고 유지되는 과정을 분석함으로써, 게임이 사람들 사이의 유대감을 어떻게 강화하는지 알 수 있다. 플레이어들은 게임 내에서 팀을 이루어 협력하거나 경쟁하면서 친구 및 가족과의 관계를 강화할 수 있다. 이 과정에서 협동, 리더십, 문제 해결 등의 사회적 기술이 향상된다.

그러나 온라인 게임은 부정적인 영향도 미칠 수 있다. 게임 중독과 사이버 불링 등은 사회적 상호작용의 부정적인 측면으로, 이러한 문제를 해결하기 위한 방안을 함께 다루어야 한다. 따라서 온라인 게임이 인간관계에 미치는 긍정적 영향과 부정적 영향을 종합적으로 분석하는 것이 중요하다.

게임은 사람들 간의 상호작용을 촉진하고 강력한 커뮤니티를 형성하는 데 기여한다. 대규모 다중 사용자 온라인 게임이나 소셜 네트워크 게임은 전 세계의 사람들을 하나로 연결하며, 플레이어들은 협력하거나 경쟁하면서 유대감을 형성한다. 예를 들어, 〈월드 오브 워크래프트〉 같은 게임은 플레이어들이 함께 도전 과제를 해결하고, 길드를 구성하여 공동 목표의 달성을 위해 협력하게 한다. 이러한 게임 커뮤니티는 플레이어들 간의 사회적 관계를 강화하고, 새로운 친구를 사귀는 기회를 제공한다.

게임 산업은 전 세계적으로 거대한 경제적 영향을 미친다. 게임 개발, 배포, 마케팅, 관련 하드웨어 및 소프트웨어의 생산과 같은 다양한 분야에서 경제적 활동이 이루어진다. 예를 들어, 게임 개발 스튜디오, 퍼블리셔, 마케팅 에이전시, 하드웨어 제조업체 등은 많은 일자리를 창출하고 경제 성장을 촉진한다. 또한, 게임 스트리밍 플랫폼과 e스포츠 산업의 성장도 경제적 파급 효과를 증대하고 있다. 인기 있는 e스포츠 대회는 대규모 상금과 스폰서십을 통해 높은 수익을 창출하며, 관련 산업의 성장을 이끌고 있다.

게임은 교육적 도구로서도 큰 잠재력을 가지고 있다. 교육용 게임은 학생들이 재미와 학습을 결합하여 효과적으로 지식을 습득할 수 있도록 도와준다. 예를 들어, 〈마인크래프트: 에듀케이션 에디션(Minecraft: Education Edition)〉은 학생들이 가상 환경에서 협력하여 문제를 해결하고, 창의성을 발휘하며 학습하는 데 도움을 준다. 또한, 시뮬레이션 게임은 실제 상황을 모의실험하여 학생들이 안전하고 효과적으로 학습할 수 있도록 한다. 예를 들어, 〈심시티(SimCity)〉 같은 게임은 도시 계획과 경제 관리에 대한 이해를 돕는다.

게임은 독창적이고 혁신적인 방식으로 예술적 가치와 문화적 표현을 제공한다. 많은 게임이 아름다운 그래픽, 매력적인 스토리 라인, 독창적인 캐릭터 디자인을 통해 예술 작품으로서의 가치를 보여 준다. 예를 들어, 〈저니(Journey)〉 같은 게임은 시각적 아름다움과 감동적인 스토리를 통해 예술적인 경험을 제공한다. 또한, 게임은 다양한 문화적 요소를 결합하여 플레이어들에게 새로운 문화 경험을 제공한다. 이는 글로벌 사회에서 문화 간의 이해와 교류를 촉진할 수 있다.

게임은 스트레스 해소와 정신 건강 증진에도 긍정적인 영향을 미칠 수 있다. 게임은 플레이어에게 즐거움과 흥미를 제공하여 스트레스를 줄이고 긍정적인 감정을 경험하게 한다. 예를 들어, 〈모여봐요 동물의 숲(Animal Crossing: New Horizons)〉 같은 게임은 플레이어가 자신의 가상 섬을 꾸미고 다른 플레이어와 교류하는 활동을 통해 편안함과 행복감을 느낄 수 있게 한다. 또한, 게임은 집중력 향상, 문제 해결 능력 증진, 손과 눈의 협응력 발달 등 다양한 인지적 이점을 제공할 수 있다.

게임은 긍정적인 영향과 함께 일부 사회적 문제와 도전 과제도 가지고 있다. 예를 들어, 게임 중독 문제는 일부 플레이어에게 심각한 영향을 미칠 우려가 있으며, 이는 건강 문제와 사회적 고립으로 이어질 수 있다. 또한, 게임 내 폭력적 콘텐츠는 플레이어에게 부정적인 영향을 미칠 수 있으며, 이러한 문제를 해결하기 위해 규제와 교육적 노력이 필요하다.

이와 같이, 게임은 현대 사회에서 다각적인 영향을 미치며, 긍정적 변화와 도전 과제를 함께 가지고 있다. 그러므로 게임과 사회의 관계를 깊이 이해하고, 게임을 통해 긍정적인 사회적 변화를 이끌어 내기 위한 노력이 필요하다.

게임과 문화적 표현

게임은 독특한 문화적 표현 형식으로, 현대 예술과 미디어에 깊은 영향을 미친다. 게임은 예술, 음악, 영화 등 다양한 미디어와의 상호작용을 통해 새로운 문화적 가치를 창출한다.

게임은 예술적 요소를 포함하며, 게임 디자인, 그래

픽, 스토리텔링은 예술적 표현으로 인식될 수 있다. 게임의 스토리와 비주얼 요소는 플레이어에게 깊은 감동을 주며, 이는 예술 작품과 동일한 가치를 지닌다. 또한, 게임과 영화의 융합은 예술적 표현의 새로운 가능성을 열어 준다. 게임을 원작으로 한 영화나 영화화된 게임은 두 매체 간의 상호작용을 통해 더욱 풍부한 이야기를 전달할 수 있다.

게임 음악도 독립적인 음악 장르로서의 위치를 확립하고 있다. 게임 음악은 게임의 분위기와 몰입감을 높이는 중요한 요소로, 음악적 창의성과 기술을 결합하여 새로운 음악적 경험을 제공한다. 또한, 게임은 스토리의 측면에서 문학적 작품으로 평가받기도 하며, 이를 통해 게임은 문학적 가치를 지닌 문화 콘텐츠로 자리 잡고 있다.

게임은 현대 예술과 미디어에 새로운 문화적 가치를 부여하며, 다양한 형태로 사회와 문화에 영향을 미친다. 게임의 예술적 요소와 미디어와의 상호작용을 통해 새로운 문화적 표현 방식을 탐구하는 것은 중요한 연구 주제다.

외국의 게임 문화

미국은 전 세계적으로 가장 큰 게임 시장을 보유하고 있다. 다양한 게임 장르와 형태가 존재하며, 특히 전쟁 게임과 스포츠 게임이 매우 인기다. 예를 들어, 〈콜 오브 듀티〉와 같은 전쟁 게임은 전 세계적으로 많은 사람들이 즐기고 있으며, 〈피파〉 시리즈와 같은 스포츠 게임은 축구 팬들 사이에서 큰 인기를 끌고 있다.

일본에는 전통적인 게임 문화와 현대적인 디지털 게임 문화가 복합적으로 존재한다. 턴제 RPG와 액션 게임은 일본 게임 문화의 주류를 이루고 있다. 예를 들어, 〈파이널 판타지(Final Fantasy)〉와 〈드래곤 퀘스트(Dragon Quest)〉 시리즈는 전 세계적으로 많은 팬들을 보유하고 있으며, 〈스트리트 파이터(Street Fighter)〉와 같은 액션 게임도 큰 인기를 끌고 있다.

한국은 온라인 게임이 주류를 이루고 있으며, 특히 MMORPG와 블록버스터 게임이 인기가 많다. 〈리니지(Lineage)〉나 〈메이플스토리(MapleStory)〉와 같은 MMORPG는 한국 내외에서 많은 사람들이 즐기고 있으며, 〈리그 오브 레전드(League of Legends)〉와 같은 블록버스터 게임은 전 세계적으로 큰 인기를 끌고 있다.

유럽은 다양한 게임 장르와 형태가 존재하며, 특히 퍼

즐 게임과 어드벤처 게임이 인기가 많다. 〈더 위트니스(The Witness)〉와 같은 퍼즐 게임과 〈더 위쳐(The Witcher)〉 시리즈와 같은 어드벤처 게임은 유럽 내외에서 많은 사람들이 즐기고 있다.

참고문헌

Bogost, I.(2011). *How to do things with videogames.* University of Minnesota Press.

Consalvo, M. & Dutton, N. (Eds.)(2011). *Handbook of internet studies.* Wiley-Blackwell.

Gee, J. P.(2007). *What video games have to teach us about learning and literacy.* Palgrave Macmillan.

McGonigal, J.(2011). *Reality is broken: Why games make us better and how they can change the world.* Penguin Press.

Shaw, A.(2014). *Gaming at the edge: Sexuality and gender at the margins of gamer culture.* University of Minnesota Press.

Taylor, T. L.(2006). *Play between worlds: Exploring online game culture.* MIT Press.

Wark, M.(2007). *Gamer theory.* Harvard University Press.

Zimmerman, E. & Salen, K.(2004). *Rules of play: Game design fundamentals.* MIT Press, 2004,

04

게임과 예술

게임은 예술과 결합하여 새로운 창작의 장을 열었다. 게임 내에서 표현되는 스토리텔링, 시각 예술, 음악 등은 예술가와 개발자에게 무한한 창의적 기회를 제공한다. 게임은 플레이어에게 몰입형 경험을 제공하며, 감정적 연결을 통해 깊은 인상을 남긴다. 예술 작품과 게임의 결합은 플레이어가 예술 작품을 능동적으로 경험하고 참여할 수 있게 한다. 이로써 게임은 현대 예술의 중요한 매체로 자리 잡았다.

AI와 사주?

게임과 예술

현대 사회에서 게임은 단순한 오락을 넘어 예술적 표현의 중요한 매체로 자리 잡고 있다. 게임과 예술의 융합은 창의성과 상상력을 자극하며 새로운 형태의 문화적 경험을 제공한다.

게임 디자인은 그래픽, 음악, 스토리텔링 등 다양한 예술적 요소를 포함하고 있다. 세밀한 그래픽과 독창적인 캐릭터 디자인을 통해 시각적 즐거움을 선사하는 비주얼 아트는 게임의 중요한 부분이다. 예를 들어, 〈오리와 도깨비불(Ori and the Will of the Wisps)〉과 같은 게임은 아름다운 시각적 표현과 정교한 환경 디자인을 통해 예술 작품으로 인정받고 있다. 또한, 게임의 음악은 게임의 분위기와 감정을 강화하는 중요한 예술적 요소로, 〈젤다의 전설〉 시리즈의 음악은 게임의 분위기를 완벽하게 표현하며 플레이어에게 깊은 감동을 선사한다.

게임은 스토리텔링의 측면에서 문학적 작품으로 평가받기도 한다. 상당수의 게임은 플레이어에게 몰입감 있는 이야기를 제공하며, 문학적 서사와 유사한 구조를 갖추고 있다. 예를 들어, 〈더 라스트 오브 어스〉는 감동적인 스토리와 인물 간의 깊이 있는 관계 묘사를 통해 문학적 가치를 지닌 작품으로 인정받고 있다. 게임의 스토리텔링은 플레이어가 직접 이야기에 참여하고 선택을 통해 이야기를 변화시킬 수 있어 더 큰 몰입감을 제공한다.

게임은 플레이어가 직접 상호작용할 수 있는 인터랙티브 예술 형식이다. 게임은 정적인 예술 작품과 달리 플레이어의 선택과 행동에 따라 변화하는 동적인 예술 경험을 제공한다. 예를 들어, 〈저니〉와 같은 게임은 플레이어가 탐험하고 체험하는 과정을 통해 예술적 경험을 제공한다. 이러한 인터랙티브 예술 형식은 게임의 독창성을 높이며, 플레이어에게 더욱 개인화된 예술적 경험을 제공한다.

게임은 영화, 음악, 미술 등 현대 미디어와의 상호작용을 통해 새로운 문화적 가치를 창출한다. 영화화, 게임 음악 콘서트, 게임 아트 전시 등, 게임은 다양한 형태로 예술과 결합하여 새로운 문화적 경험을 제공한다. 예를 들어, 〈파이널 판타지〉 시리즈의 음악 콘서트는 게임 음악이 독립적인 예술 장르로 자리 잡은 사례 중 하나다. 게임과 현대 미디어의 융합은 예술적 표현의 경계를 확장하고 다양한 예술적 가능성을 열어 준다.

이와 같이, 게임은 현대 사회에서 중요한 예술적 매체로 자리 잡고 있으며, 다양한 예술적 요소와의 결합을 통해 새로운 문화적 가치를 창출하고 있다. 게임과 예술의 융합은 앞으로도 더욱 발전하여 우리의 문화적 경험을 풍부하게 할 것이다.

게임 음악의 역할과 중요성

게임 음악은 비디오 게임의 분위기를 조성하고 플레이어의 몰입감을 극대화하는 데 중요한 역할을 한다. 게임의 장르와 스토리에 따라 다양한 음악 스타일이 사용되며, 이를 통해 플레이어는 게임의 세계에 더욱 깊이 빠져들 수 있다. 공포 게임에서는 긴장과 공포를 조성하는 어두운 음악이 쓰이고, 어드벤처 게임에서는 웅장하고 장중한 음악이 분위기를 고조한다. 이러한 음악적 요소는 게임의 분위기를 조성하고, 플레이어의 경험을 더욱 풍부하게 만든다.

또한, 게임 음악은 감정을 전달하고 이야기를 진전시키는 데 중요한 역할을 한다. 특정 장면에서 음악은 캐릭터의 감정을 표현하고, 플레이어의 감정적 반응을 유도한다. 감동적인 장면에서는 서정적인 음악으로 플레이어에게 감동을 선사하고, 전투 장면에서는 박진감 넘치는 음악으로 긴장감을 높인다. 이를 통해 게임 음악은 플레이어의 감정적 경험을 더욱 깊이 있게 만들어 준다.

게임 음악은 플레이어의 행동을 유도하고 게임 플레

이를 보조하는 역할도 한다. 특정 음악이 재생되면 플레이어는 그 음악이 특정 이벤트나 상황을 나타낸다는 것을 인식하게 된다. 보스 전투가 시작될 때 특정 음악이 재생되면 플레이어는 전투 준비를 하게 되고, 퍼즐을 풀 때는 차분하고 집중할 수 있는 음악이 쓰인다. 이러한 음악적 신호는 플레이어가 게임을 더욱 효과적으로 진행할 수 있도록 도와준다.

초기 비디오 게임 음악은 기술적 한계로 인해 단순한 멜로디와 짧은 루프 형태로 구성되었다. 예를 들어, 〈슈퍼 마리오 브라더스(Super Mario Bros.)〉와 〈젤다의 전설〉 등의 클래식 게임 음악은 단순하면서도 기억에 남는 멜로디로 많은 사랑을 받았다. 이러한 초기 게임 음악은 제한된 자원 내에서 최대한의 효과를 이끌어 내기 위한 창의적인 시도였다.

기술의 발전과 함께 게임 음악도 더욱 다양화되었다. CD-ROM과 같은 대용량 저장 매체의 등장으로 게임 음악의 품질이 향상되었으며, 오케스트라 연주와 같은 다양한 음악 스타일이 게임에 도입되었다. 〈파이널 판타지〉 시리즈는 오케스트라 음악을 게임에 도입하여 게임 음악의 예술적 가치를 높였다. 이러한 기술적 발전은 게임 음악이 더욱 풍부하고 다채롭게 발전할 수 있는 기반을 마련했다.

현대 게임 음악은 독립적인 음악 장르로 자리 잡고 있으며, 게임 음악 콘서트와 앨범 발매 등을 통해 많은 사랑을 받고 있다. 게임 음악 작곡가들에 대한 인식이 달라짐에 따라 게임 음악 또한 영화 음악 못지않게 예술적 가치를 인정받고 있다. 〈파이널 판타지〉 시리즈의 음악 콘서트 〈디스턴트 월드(Distant Worlds)〉와 〈젤다의 전설〉 시리즈의 음악 콘서트 〈여신들의 교향곡(Symphony of the Goddesses)〉은 게임 음악의 인기를 반영하는 대표적인 사례다. 이러한 콘서트는 게임 음악이 예술적으로 인정받고 있으며, 대중들에게 큰 감동을 주는 예술적 경험을 제공한다는 점을 시사한다.

게임 음악은 비디오 게임의 핵심 요소로서, 플레이어의 경험을 풍부하게 하고 감정적 반응을 유도하며, 현대 음악 산업에서도 중요한 위치를 차지하고 있다. 초기 게임 음악의 단순한 멜로디에서부터 현대의 복잡하고 다채로운 오케스트라 음악에 이르기까지, 게임 음악은 계속해서 발전해 왔다. 게임 음악은 앞으로도 더욱 다양하고 창의적인 방식으로 발전할 것으로 기대되며, 이는 플레이어에게 더욱 풍부한 예술적 경험을 제공할 것이다.

참고문헌

Collins, K.(2008a). *Game sound: An introduction to the history, theory, and practice of video game music and sound design.* MIT Press.

Collins, K.(2008b). F*rom pac-man to pop music: Interactive audio in games and new media.* Ashgate Publishing.

Collins, K., et al. (Eds.)(2014). *The oxford handbook of interactive audio.* Oxford University Press.

Miller, K.(2012). *Playing along: Digital games, youtube, and virtual performance.* Oxford University Press.

Phillips, W.(2014). *A composer's guide to game music.* MIT Press.

Summers, T.(2016). *Understanding video game music.* Cambridge University Press.

05
게임 내러티브와 스토리텔링

게임은 스토리텔링의 혁신적인 매체로 자리 잡는다. 게임 내 스토리텔링은 플레이어에게 몰입형 경험을 제공하며, 감정적으로 깊이 연결될 수 있는 기회를 만든다. 게임의 내러티브는 단순한 이야기 전달을 넘어서, 플레이어가 직접 선택하고 결과를 경험하게 하여 더욱 개인적인 서사를 형성한다. 이러한 상호작용적 스토리텔링은 전통적인 문학과 영화와는 다른, 독특하고 다채로운 예술적 표현을 가능하게 한다. 게임은 이야기의 세계를 확장하여 플레이어와 함께 살아 숨 쉬는 서사를 만들어 나간다.

AI와 아이돌?

게임 스토리텔링의 중요성

게임 스토리텔링은 게임의 세계를 구성하고, 플레이어가 그 세계에 몰입할 수 있도록 도와주는 핵심 요소다. 잘 짜인 스토리는 게임의 서사 구조를 강화하고, 플레이어에게 감정적 연결을 제공한다. 예를 들어, 〈더 라스트 오브 어스〉와 같은 게임은 감동적인 스토리와 강렬한 인물 간의 관계를 통해 플레이어에게 깊은 인상을 남긴다. 게임 스토리는 플레이어가 게임을 플레이하면서 경험하는 모든 이벤트와 상황을 연결하며, 게임의 전반적인 경험을 풍부하게 만든다.

게임은 다른 매체와 달리 상호작용이 가능하다는 특징이 있어, 플레이어가 스토리에 직접 참여하고 영향을 미칠 수 있다. 플레이어의 선택에 따라 이야기가 변화하고, 이는 플레이어에게 더욱 큰 몰입감을 제공한다. 예를 들어, 〈위쳐 3: 와일드 헌트〉는 플레이어의 선택에 따라 다양한 결말로 이어지는 복잡한 스토리를 제공하여, 플레이어의 선택이 게임의 세계와 스토리에 실질적인 영향을 미친다. 이러한 상호작용적 스토리텔링은 플레이어가 게임 내에서 주체적인 역할을 할 수 있게 하여, 더 큰 몰입감을 제공한다.

비선형적 스토리텔링은 게임 스토리텔링에서 중요한

기법 중 하나로, 플레이어가 이야기를 자유롭게 탐험할 수 있도록 한다. 이는 플레이어가 자신의 속도와 순서에 맞춰 이야기를 진행할 수 있게 하여, 개인화된 경험을 제공한다. 예를 들어, 〈레드 데드 리뎀션 2(Red Dead Redemption 2)〉는 방대한 오픈 월드와 다양한 서브 퀘스트를 통해 비선형적 스토리텔링을 구현하였으며, 플레이어는 자유롭게 게임 세계를 탐험하며 이야기를 발견할 수 있다. 이러한 접근은 플레이어에게 더욱 다양한 경험을 제공하고, 게임의 재플레이 가치를 높인다.

게임 스토리텔링은 감정과 공감을 전달하는 데 강력한 도구가 된다. 게임은 비주얼, 사운드, 상호작용 요소를 결합하여 플레이어가 캐릭터와 상황에 감정적으로 연결되도록 한다. 예를 들어, 〈파이어워치(Firewatch)〉는 주인공 헨리의 감정적 여정을 통해 플레이어가 그의 고독과 불안을 느낄 수 있게 하여 공감을 유도한다. 게임 스토리텔링은 이러한 감정적 연결을 통해 플레이어에게 깊은 인상을 남기며, 게임을 기억에 오래 남도록 한다.

게임 스토리텔링은 게임의 세계관을 구축하는 중요한 역할을 한다. 세계관은 게임의 배경과 설정을 포함하며, 플레이어가 게임 세계에 몰입할 수 있도록 돕는다. 잘 설계된 세계관은 게임의 이야기와 캐릭터를 더욱 풍부하게 만든다. 예를 들어, 〈엘더스크롤 V: 스카이림(The Elder Scrolls V: Skyrim)〉은 방대한 세계관과 역사, 다양한 문화와 종족을 통해 플레이어가 그 세계에 몰입할 수 있게 한다. 이러한 세계관은 플레이어에게 끊임없는 탐험과 발견의 재미를 제공한다.

게임 스토리텔링과 인문학 교육

게임 스토리텔링은 인문학 교육에 중요한 도구로 활용될 수 있다. 문학, 역사, 철학 등 인문학적 주제를 게임 내러티브에 포함함으로써, 플레이어는 게임을 통해 인문학적 지식을 자연스럽게 습득할 수 있다. 예를 들어, 〈어쌔신 크리드(Assassin's Creed)〉 시리즈는 역사적 사건과 인물을 기반으로 하여, 플레이어가 역사적 지식을 학습하도록 유도한다. 이러한 게임은 플레이어가 주체적으로 학습하고, 학습 내용을 경험을 통해 체득하게 한다. 이는 전통적인 교육 방식과는 다른 몰입감 있는 학습 경험을 제공한다.

게임 스토리텔링은 다양한 문화적 배경을 반영하고, 플레이어에게 다문화적 이해와 포용을 촉진하는 데 기여할 수 있다. 게임 내에서 다양한 문화와 전통을 경험함으로써, 플레이어는 다른 문화에 대한 존중과 이해를 높일 수 있다. 예를 들어, 〈오리와 도깨비 숲〉은 동양과 서양의 문화적 요소를 결합하여, 플레이어에게 문화적 다양성을 경험하게 한다. 이러한 게임은 글로벌 사회에서 상호 이해와 협력을 증진하는 데 중요한 역할을 한다.

게임 스토리텔링은 플레이어에게 윤리적 딜레마와 도덕적 선택을 제시함으로써, 윤리적 판단과 도덕적 성찰을 유도한다. 플레이어는 도덕적 선택을 통해 게임 내에 자신의 가치관을 반영하게 되며, 이는 현실 세계에서의 윤리적 판단과 행동에 영향을 미칠 수 있다. 예를 들어, 〈위쳐 3: 와일드 헌트〉는 플레이어에게 다양한 윤리적 선택을 제시하며, 이러한 선택은 게임의 전개와 결말에 직접적인 영향을 미친다. 이는 플레이어가 도덕적 성찰을 통해 자신의 윤리적 기준을 확립하는 데 도움을 준다.

게임 스토리텔링은 인문학적 가치를 창의적으로 표현하는 데 중요한 역할을 한다. 문학적 내러티브, 예술적 디자인, 음악적 요소 등의 결합은 플레이어에게 다차원적인 예술적 경험을 제공한다. 이는 플레이어가 다양한 인문학적 요소를 경험하고, 창의적 사고와 예술적 감수성을 기르는 데 도움을 준다. 예를 들어, 〈저니〉는 아름다운 예술적 디자인과 음악을 통해 플레이어에게 깊은 정서적 경험을 제공한다. 이러한 게임은 게임이 지닌 예술적 표현 가능성을 탐구하고, 인문학적 가치를 창의적으로 전달한다.

게임 스토리텔링과 인문학은 교육적, 문화적, 윤리적 측면에서 중요한 연관성을 가진다. 게임은 플레이어에게 인문학적 지식을 전달하고, 문화적 이해와 다문화주의를 촉진하며, 윤리적 판단과 도덕적 성찰을 유도한다. 또한, 인문학적 가치를 창의적으로 표현함으로써, 플레이어에게 깊은 예술적 경험을 제공한다. 이러한 연관성을 통해 게임 스토리텔링은 인문학의 필요성을 강조하며, 인간의 본질과 문화를 이해하는 중요한 도구로서의 역할을 수행한다.

참고문헌

이숙정(2021a). 국내 게임 연구의 주제와 방법에 대한 메타 분석: 언론학, 청소년학, 심리학 분야 학술 논문을 중심으로. ≪한국게임학회 논문지(Journal of Korea Game Society)≫ 21(6).

이숙정(2021b). 게임 중독과 인문학적 접근: 게임의 사회적 영향과 해결 방안. ≪한국게임학회 논문지(Journal of Korea Game Society)≫.

이재홍(2012a). 게임과 사회: 게임의 인문학적 효과와 문화적 의미. ≪한국디지털정책학회≫.

이재홍(2012b). 게임의 인문학적 가치: 문화적 이해와 창의적 상상력. ≪디지털융복합연구≫.

이재홍 · 이용수(2012). 구비문학을 활용한 게임의 인문학적 상상력에 관한 고찰. ≪디지털융복합연구≫ 10(2).

06
게임의 윤리적 문제

게임 산업은 여러 윤리적 문제를 안고 있다. 일부 게임은 폭력적이고, 성적 콘텐츠를 포함하여 청소년에게 부적절할 수 있으며, 중독 문제를 일으킬 수 있다. 또한, 일부 게임은 도박 요소를 포함하여 경제적 손실을 초래할 위험이 있다. 인앱 결제와 같은 비즈니스 모델은 플레이어에게 불공정한 압박을 가할 수 있다. 더불어, 게임 개발 과정에서 노동 착취와 같은 문제가 발생할 수 있어, 공정하고 윤리적인 근로 환경이 필요하다. 이러한 문제들은 게임 산업이 해결해야 할 중요한 과제들이다.

AI와 야구?

게임 내 윤리적 선택과 도덕적 딜레마

게임은 플레이어에게 다양한 윤리적 선택과 도덕적 딜레마를 제시함으로써 윤리적 사고를 자극한다. 예를 들어, 〈매스 이펙트(Mass Effect)〉 시리즈에서는 플레이어가 주인공 셰퍼드를 통해 다양한 윤리적 선택을 하게 되며, 이러한 선택은 게임의 전개와 결말에 직접적인 영향을 미친다. 이러한 게임 내 선택은 플레이어가 자신의 도덕적 가치와 기준을 반영하게 하며, 윤리적 판단과 도덕적 성찰을 유도한다.

이처럼 플레이어의 게임 내 행동이 가상 세계에서 일정한 결과를 초래할 뿐만 아니라, 현실 세계에서의 도덕적 기준을 강화하거나 변화시킬 수 있다. 이는 게임이 단순한 오락을 넘어, 윤리적 교육과 도덕적 성장에 기여할 수 있는 중요한 도구로 활용될 수 있음을 의미한다.

게임의 폭력성과 잔인성은 오래전부터 논란이 되어 온 주제다. 일부 비디오 게임은 사실적인 폭력 장면과 적나라한 잔인성을 포함하고 있으며, 이는 플레이어, 특히 청소년에게 부정적인 영향을 미칠 수 있다는 우려를 낳고 있다. 게임 내에서의 폭력이 플레이어에게 공격적 행동을 촉진하거나, 현실 세계의 폭력을 정당화하는 데 영향을 미칠 수 있다는 연구 결과들이 있다. 또한, 일부 게임은 현실을 왜곡하여 폭력적인 행동을 영웅적 행위로 묘사함으로써 도덕적 판단을 흐리게 만들 수도 있다.

게임의 폭력성과 잔인성 문제는 개인의 도덕적, 윤리적 가치관에 큰 영향을 미칠 수 있으며, 사회적으로도 큰 논란이 되고 있다. 이를 해결하기 위해서는 게임 콘텐츠에 대한 명확한 등급 제도와 부모의 지도, 교육 기관의 역할이 중요하다. 또한, 게임 개발자들 역시 윤리적인 게임 디자인을 통해 사회적 책임을 다하려는 노력이 필요하다.

게임은 사회적 가치관과 윤리적 기준에 큰 영향을 미칠 수 있다. 예를 들어, 〈그랜드 테프트 오토(GTA)〉 시리즈와 같은 게임은 폭력, 범죄, 비윤리적 행동을 중점적으로 다루고 있어 논란이 되기도 한다. 이러한 게임은 현실 세계에서의 폭력적 행동을 정당화하거나, 도덕적 판단을 흐리게 할 수 있다는 우려를 제기하게 한다.

반면, 〈라이프 이즈 스트레인지(Life is Strange)〉와 같은 게임은 다양한 사회적 문제와 윤리적 딜레마를 다루며, 플레이어에게 사회적 책임과 도덕적 가치에 대해 생각하게 한다. 이러한 게임은 사회적으로 긍정적인 영향을 미치고 윤리적 기준을 높이는 데 기여할 수 있다.

과몰입 문제

게임에 과도하게 몰입하는 것 역시 심각한 윤리적 문제로 대두되고 있다. 비디오 게임은 높은 몰입감을 제공하는 특성 때문에 플레이어가 게임에 과도하게 몰입하게 할 수 있으며, 이는 현실 세계의 생활에 부정적인 영향을 미칠 수 있다. 과도한 게임 플레이는 학업 성취도 저하, 사회적 고립, 심리적 문제 등을 초래할 수 있으며, 심한 경우 건강 문제로 이어질 수도 있다.

과몰입 문제를 해결하기 위해서는 개인의 자제력과 자기 관리가 중요하지만, 동시에 게임 산업 자체의 윤리적 책임도 요구된다. 게임 개발자들은 게임의 설계와 운영 과정에서 과몰입을 최소화하고, 플레이어가 건강한 게임 이용 습관을 가질 수 있도록 유도하는 장치들을 마련해야 한다. 예를 들어, 일정 시간 이상 게임을 플레이할 경우 자동으로 휴식을 권장하는 메시지를 표시하는 등의 방안을 고려할 수 있다.

게임은 윤리적 교육 도구로 활용될 수 있다. 예를 들어, '시리어스 게임(Serious Games)'은 교육적 목적을 가지고 개발된 게임으로, 학습자에게 윤리적 문제와 도덕적 딜레마를 경험하게 한다. 이러한 게임은 학습자가 윤리적 판단과 도덕적 성찰을 통해 올바른 가치관을 형성하는 데 도움을 줄 수 있다.

게임 개발자들은 게임이 지닌 윤리적 교육 도구로서의 잠재력을 최대한 활용하기 위해, 게임 내 윤리적 선택과 도덕적 딜레마를 신중하게 설계해야 한다. 이는 플레이어가 게임을 통해 의미 있는 윤리적 경험을 쌓고, 이를 현실 세계에서의 도덕적 성찰로 이어 갈 수 있도록 하는 데 기여한다.

게임 이용 장애는 비디오 게임 사용이 일상생활, 직장 또는 학업에 부정적인 영향을 미치는 상태를 일컫는다. 이는 세계보건기구(WHO)가 2019년에 국제질병분류(ICD-11)에 공식적으로 포함하면서 공인된 용어가 되었다. 게임 이용 장애는 일반적으로 게임에 대한 통제 능력의 상실, 다른 활동보다 게임을 우선시함, 부정적인 결과에도 불구하고 게임을 지속한다는 특징을 보인다.

세계보건기구의 ICD-11에 따르면, 적어도 12개월 동안 지속적으로 이러한 행동 패턴을 나타내는 경우 게임 이용 장애로 진단할 수 있으며, 증상이 심각한 경우 이 기간이 단축될 수 있다.

게임 이용 장애의 원인은 복합적이며, 생물학적, 심리적, 환경적 요인이 상호작용하여 영향을 미칠 수 있다. 주요 원인으로는 유전적 취약성, 신경화학적 변화, 스트레스, 불안, 우울증 등의 심리적 문제, 사회적 고립, 가족 또는 친구의 부재, 낮은 자기 존중감 등의 요인이 있다.

게임 이용 장애는 개인의 일상생활에 다양한 부정적 영향을 미칠 수 있다. 주된 영향으로는 불안, 우울증, 스트레스 증가 등의 심리적 영향, 수면 부족, 신체 활동 감소, 비만, 시력 저하 등의 신체적 영향과 사회적 고립, 관계 문제, 직장 또는 학업 성적 저하 등의 사회적 영향이 있다.

게임 이용 장애의 치료와 예방에는 다양한 접근이 필요하다. 주요 방법으로는 인지 행동 치료(CBT)를 통해 게임 중독의 원인을 파악하고, 건강한 생활 습관을 형성하도록 돕는 방법, 상담 및 심리 치료를 통해 심리적 문제를 해결하고, 게임 중독의 위험을 줄이는 방법, 사회적 지원을 통해 가족, 친구 및 사회적 네트워크의 지원을 받는 방법, 게임의 적절한 사용과 중독 예방에 대한 교육을 제공하여 게임 중독의 위험을 줄이는 방법이 있다.

게임 이용 장애에 대한 연구는 아직 초기 단계이며 더 많은 연구가 필요하다. 특히, 게임 중독의 정확한 원인과 메커니즘을 파악하고, 효과적인 치료 방법을 개발하는 것이 중요하다. 또한, 사회적 인식 제고와 게임 산업의 책임 있는 운영이 필요하다.

참고문헌

Anderson, C. A. & Dill, K. E.(2000). Video games and aggressive thoughts, feelings, and behavior in the laboratory and in life. *Journal of personality and social psychology*, 78(4), pp.772-790.

Ferguson, C. J.(2011). The influence of television and video game use on attention and school problems: A multivariate analysis with other risk factors controlled. *Journal of psychiatric research*, 45(6), pp.808-813.

Gentile, D. A., et al.(2004). The effects of violent video game habits on adolescent hostility, aggressive behaviors, and school performance. *Journal of adolescence*, 27(1), pp.5-22.

Griffiths, M. D.(2008). Video game addiction: Further thoughts and observations. *International journal of mental health and addiction*, 6(2), pp.182-185.

Kuss, D. J. & Griffiths, M. D.(2012). Online gaming addiction in children and adolescents: A review of empirical research. *Journal of behavioral addictions*, 1(1), pp.3-22.

Markey, P. M. & Markey, C. N.(2010). Vulnerability to violent video games: A review and integration of personality research. *Review of general psychology*, 14(2), pp.82-91.

07
게임과 교육

게임은 교육적 도구로서 많은 잠재력을 가지고 있다. 게임은 학습을 재미있고 몰입감 있게 만들어, 학생들이 더 효과적으로 학습할 수 있도록 돕는다. 예를 들어, 역사 게임을 통해 학생들은 역사적 사건과 문화를 생생하게 경험할 수 있으며, 수학 퍼즐 게임은 논리적 사고와 문제 해결 능력을 향상할 수 있다. 게임 기반 학습은 협력과 팀워크를 촉진하며, 자기 주도적 학습을 장려한다. 이러한 게임은 학생들에게 실생활에서 적용 가능한 기술과 지식을 제공하며, 혁신적인 교육 방식을 제시한다.

AI와 윤동주?

게임과 교육의 융합

게임과 교육의 융합은 학습의 새로운 가능성을 열어 주는 중요한 주제다. 게임 기반 학습(Gaming-based Learning)은 학습자에게 몰입감 있는 학습 경험을 제공하며, 전통적인 교육 방식과는 다른 다양한 장점을 가지고 있다.

첫째, 게임은 학습자의 동기를 크게 향상할 수 있다. 게임의 보상 시스템, 도전 과제, 즉각적인 피드백 등은 학습자가 학습 과정에 더욱 열정적으로 참여하게 만든다. 예를 들어, 교육용 게임에서는 퀴즈나 문제 해결을 통해 학습자가 성취감을 느끼고, 이를 통해 학습 동기가 강화된다. 게임의 레벨 시스템이나 점수 체계는 학습자가 목표를 설정하고 달성하도록 도와준다.

둘째, 게임은 복잡한 문제를 해결하는 능력을 기르는 데 효과적이다. 게임 속에서 학습자는 다양한 상황과 문제를 마주하게 되며, 이를 해결하기 위한 전략적 사고와 창의성을 발휘해야 한다. 퍼즐 게임이나 전략 게임은 학습자가 논리적 사고와 문제 해결 능력을 향상하는 데 도움을 준다. 이러한 경험은 학습자가 현실 세계의 복잡한 문제를 해결하는 데 필요한 기술 함양에 기여한다.

셋째, 멀티플레이어 게임은 협동 학습과 사회적 기술

을 개발하는 데 유용하다. 학습자는 팀원들과 협력하여 목표를 달성하고, 커뮤니케이션과 협동의 중요성을 배우게 된다. MMORPG에서는 학습자가 팀원들과 협력하여 퀘스트를 완수하고, 서로의 강점을 활용하는 방법을 배우게 된다. 이러한 경험은 협동 학습과 사회적 기술을 강화하는 데 큰 도움이 된다.

넷째, 게임 기반 학습은 학습자가 자기 주도적으로 학습할 수 있는 환경을 제공한다. 학습자는 자신의 속도와 방식에 맞춰 학습을 진행할 수 있으며, 이를 통해 자기 주도 학습 능력이 향상된다. 게임은 학습자가 스스로 목표를 설정하고, 필요한 정보를 찾아 가며 학습을 진행하도록 유도한다. 교육용 시뮬레이션 게임에서는 학습자가 자신의 선택에 따라 학습 경로를 결정하고, 다양한 결과를 경험하며 학습할 수 있다.

다섯째, 게임은 학습자에게 즉각적인 피드백을 제공하여 학습 과정을 효과적으로 평가하고 개선할 수 있도록 한다. 게임 속에서 학습자는 자신의 행동에 대한 피드백을 바로 받아 볼 수 있으며, 이를 통해 학습의 방향을 조정할 수 있다. 또한, 게임은 학습자의 성취도를 정확하게 측정하고 평가할 수 있는 다양한 방법을 제공한다. 점수, 레벨, 업적 시스템 등을 통해 학습자의 학습 성과를 평가하고, 필요에 따라 학습 내용을 조정할 수 있다.

여섯째, 게임 기반 학습은 다양한 학습 스타일을 수용하고, 다채로운 학습 경험을 제공한다. 학습자는 게임 속에서 시각적, 청각적, 촉각적 자극을 통해 학습할 수 있으며, 이를 통해 다양한 학습 스타일을 만족시킬 수 있다. 또한, 게임은 현실 세계에서는 경험하기 어려운 상황을 가상으로 체험할 수 있게 하여 학습자의 이해도를 높이는 데 기여한다. 역사 교육용 게임에서는 학습자가 가상으로 역사의 중요한 순간들을 체험하며 학습할 수 있다.

게임과 교육의 융합은 학습의 새로운 가능성을 열어 주며, 학습자의 동기 부여, 문제 해결 능력 향상, 협동 학습과 사회적 기술 개발, 자기 주도 학습, 피드백과 평가, 다채로운 학습 경험 등을 통해 전통적인 교육 방식을 보완하고 발전시킬 수 있다.

존 듀이와 게임

존 듀이의 교육 이론과 게임 기반 학습의 융합은 학습에 대한 새로운 가능성을 열어 주고 있다. 듀이는 단순한 지식 전달이 아니라, 학생의 경험을 통한 학습을 강조하였다. 그는 학습이 학생의 일상적 경험과 연결되어야 하며,

이를 통해 학생은 더욱 적극적으로 학습에 참여할 수 있다고 보았다. 이러한 듀이의 경험 중심 교육 이론은 게임 기반 학습과 밀접하게 연관된다.

첫째, 게임은 학습자에게 실질적이고 의미 있는 경험을 제공하는 도구로 활용될 수 있다. 역사 교육용 게임에서는 학습자가 가상의 역사적 사건에 참여하고, 이를 통해 역사를 생생하게 이해할 수 있다. 듀이의 이론에 따르면, 이러한 경험을 통한 학습은 학습자의 이해도를 높이고 학습에 대한 동기를 부여할 수 있다.

둘째, 듀이는 학습자가 실제 문제를 해결하는 과정을 통해 사고력을 기르고, 창의적 사고를 개발할 수 있다고 주장하였다. 그는 학생들이 문제를 스스로 해결할 수 있는 능력을 함양하도록 돕는 것이 중요하다고 보았다. 게임 기반 학습은 이러한 듀이의 이론을 효과적으로 구현할 수 있는 방법 중 하나다. 게임은 학습자에게 다양한 문제를 제시하고, 이를 해결하기 위한 전략적 사고와 창의성을 요구한다. 퍼즐 게임이나 전략 게임은 학습자가 논리적 사고와 문제 해결 능력을 향상하는 데 도움을 준다. 듀이의 이론에 따르면, 이러한 문제 해결 과정을 통해 학습자는 사고력을 기르고, 실질적인 학습 경험을 쌓을 수 있다.

셋째, 듀이는 사회적 상호작용을 통한 학습의 중요성을 강조하였다. 그는 학생들이 서로 협력하고 소통하는 과정에서 더 깊은 이해와 성장을 이룰 수 있다고 보았다. 게임 기반 학습은 협동 학습과 사회적 기술을 개발하는 데 유용한 도구로 사용될 수 있다. 멀티플레이어 게임은 학습자 간의 협력과 상호작용을 촉진하며, 팀원들과 함께 목표를 달성하는 경험을 제공한다. MMORPG에서는 학습자가 팀원들과 협력하여 퀘스트를 완수하고, 서로의 강점을 활용하는 방법을 배울 수 있다. 듀이의 이론에 따르면, 이러한 협동 학습 경험은 학습자의 사회적 기술을 강화하고, 공동체 의식을 높이는 데 기여할 수 있다.

넷째, 듀이는 학습자가 자기 주도적으로 학습하는 것이 중요하다고 강조하였다. 그는 학생들이 스스로 목표를 설정하고, 필요한 정보를 찾아 가며 학습하는 과정을 통해 자기 발견과 성장을 이룰 수 있다고 보았다. 게임 기반 학습은 학습자가 자기 주도적으로 학습할 수 있는 환경을 제공한다. 학습자는 게임 속에서 자신의 속도와 방식에 맞춰 학습을 진행할 수 있으며, 이를 통해 자기 주도 학습 능력이 향상된다. 교육용 시뮬레이션 게임에서는 학습자가 자신의 선택에 따라 학습 경로를 결정하고, 다양한 결과를 경험하며 학습할 수 있다. 듀이의 이론에 따르면, 이러한 자기 주도 학습 경험은 학습자의 자기 발견과 성장을 촉진할 수 있다.

존 듀이의 경험 중심 교육 이론은 게임 기반 학습과 밀접하게 연관되며, 학습자의 경험, 문제 해결 능력, 사회적 상호작용, 자기 주도 학습을 강조한다. 게임은 학습자에게 실질적이고 의미 있는 경험을 제공하고, 창의적 사고와 협동 학습을 촉진하며, 자기 주도적으로 학습할 수 있는 환경을 제공한다. 이러한 점에서 듀이의 이론은 게임과 교육의 융합을 이해하는 데 중요한 관점을 제공한다.

참고문헌

Dewey, J.(1938). *Experience and education.* Simon & Schuster.

Dewey, J.(2007). *Democracy and education.* Macmillan.

Gee, J. P.(2007). *What video games have to teach us about learning and literacy.* Palgrave Macmillan.

Gee, J. P. & Hayes, E. R.(2010). *Women and gaming: The sims and 21st century learning.* Palgrave Macmillan.

Prensky, M.(2001). *Digital game-based learning.* McGraw-Hill.

Shaffer, D. W.(2006). *How computer games help children learn.* Palgrave Macmillan.

Squire, K. D.(2011). *Video games and learning: Teaching and participatory culture in the digital age.* Teachers College Press.

08
게임과 심리학

게임은 심리학적으로도 큰 영향을 미친다. 게임은 스트레스 해소와 긍정적인 감정 경험을 통해 정신 건강에 도움을 줄 수 있다. 사회적 게임은 사람들 간의 유대감을 강화하고, 협력과 소통 능력을 향상한다. 그러나 과도한 게임은 중독을 유발하여 일상생활에 부정적인 영향을 미칠 수 있다. 게임 내의 폭력적 콘텐츠는 공격성을 증가시킬 가능성이 있으며, 이는 지속적인 연구와 관리가 필요한 부분이다.

AI와 한의학?

게임과 심리

게임과 심리학은 많은 교차점을 가지고 있으며, 비디오 게임이 인간의 심리에 미치는 다양한 영향을 이해하는 데 중요한 역할을 한다. 게임은 스트레스 해소와 긍정적인 감정 경험을 통해 정신 건강에 도움을 줄 수 있다. 게임을 플레이하는 동안 몰입감과 성취감을 느끼는데, 이는 일상생활에서 느끼는 스트레스와 불안을 완화하는 데 도움이 될 수 있다. 특히, 캐주얼 게임이나 퍼즐 게임은 짧은 시간 동안 즐길 수 있어, 간단히 휴식을 취하고 기분을 전환하는 데 유용하다.

멀티플레이어 게임은 사람들 간의 사회적 상호작용을 촉진하고, 유대감을 형성하는 데 기여한다. 온라인 게임에서는 친구나 가족 또는, 전 세계의 다양한 사람들과 소통하며 협력할 수 있다. 이러한 경험은 사회적 기술을 향상하고, 외로움을 줄이는 데 도움이 된다.

그러나 과도한 게임 플레이는 학업 성취도 저하, 사회적 고립, 건강 문제 등을 초래할 수 있다. 장시간 게임을 플레이하면 수면 부족, 신체 활동 감소, 불안 및 우울증과 같은 심리적 문제가 발생할 수 있다. 이러한 문제를 예방하기 위해서는 게임 시간 관리와 균형 있는 생활이 필요하다.

일부 연구는 폭력적인 게임과 공격적 행동 사이에 연관성이 있음을 시사한다. 즉, 폭력적인 게임을 자주 플레이하는 사람들은 현실 세계에서도 공격적 행동을 보일 가능성이 높아질 수 있다는 것이다. 이는 게임 속 폭력 장면이 공격적 사고와 감정을 자극할 수 있기 때문이다. 그러나 공격적인 행동을 유발하는 데는 다양한 요인들이 작용할 수 있어, 이러한 연관성에 대한 논란은 여전히 지속되고 있다.

게임의 요소를 활용한 게이미피케이션(Gamification)은 심리 치료와 재활에서 효과적으로 사용될 수 있다. 예를 들어, 불안 장애 치료에서 게임을 활용해 노출 치료를 진행하거나, 우울증 환자에게 게임을 통해 긍정적 경험을 제공하는 방법이 있다. 이러한 접근은 환자의 동기를 북돋우고, 치료 과정을 즐겁게 만드는 데 도움을 준다.

게임은 인지 기능을 향상하는 도구로 사용될 수 있다. 퍼즐 게임이나 전략 게임은 문제 해결 능력, 기억력, 주의력 등의 인지 기능을 강화하는 데 도움을 줄 수 있다. 또한, 게임은 노년층의 인지 건강을 유지하는 데 효과적인 방법으로 사용될 수 있다.

게임과 심리학은 인간의 심리적 건강과 복지를 이해하는 데 중요한 연구 분야다. 게임은 스트레스 해소, 사회적 상호작용, 인지 기능 향상 등 긍정적인 심리적 효과를 제공할 수 있지만, 과도한 게임 플레이와 폭력적인 게임은 부정적인 영향을 미칠 수 있다. 게임의 긍정적 효과를 극대화하고 부정적 영향을 최소화하기 위해서는 균형 있는 접근과 심리적 이해가 필요하다.

게임하는 사람의 심리

게임은 단순한 재미뿐만 아니라, 플레이어의 심리적 상태와 행동에 큰 영향을 미친다. 게임 이용자의 심리적 특성은 게임 과몰입, 중독, 그리고 게임 이용 동기에 중요한 영향을 미친다.

정서적 안정은 게임 이용자가 스트레스와 불안을 잘 관리할 수 있는 능력을 의미한다. 높은 정서적 안정을 가진 사람들은 게임을 통해 스트레스 해소와 휴식을 찾을 수 있으며, 게임 과몰입의 위험성이 낮다.

자존감은 게임 이용자가 자신에 대한 긍정적인 인식을 가지는 정도를 나타낸다. 높은 자존감을 가진 사람들은 게임을 통해 자신의 능력을 증진하고, 긍정적인 경험을 쌓을 수 있다.

의지력은 게임 이용자가 목표를 달성하기 위해 필요한 결단력과 꾸준함을 의미한다. 높은 의지력을 가진 사람들은 게임 내에서 더 큰 도전 과제를 극복하고, 높은 성과를 이룰 수 있다.

행복감은 게임 이용자가 게임을 통해 얻는 긍정적인 감정을 의미한다. 게임을 통해 행복감을 느끼는 사람들은 게임을 더욱 즐기고, 게임 이용 시간이 길어질 수 있다.

게임 이용자가 게임에 너무 많은 시간과 에너지를 투자하여 일상생활에 지장을 받게 되는 상태를 '게임 과몰입'이라고 한다. 게임 과몰입은 심리적 불안, 대인관계 문제 그리고 일상생활의 지연 등의 부정적인 영향을 미칠 수 있다.

게임 이용자가 게임에 대한 욕구를 통제할 수 없는 상태를 '게임 중독'이라고 한다. 게임 중독은 심리적, 신체적, 사회적 문제를 야기할 수 있으며, 전문가의 도움이 필요할 수 있다.

'게임 이용 동기'는 게임을 하는 이유와 목적을 의미한다. 게임 이용 동기는 개인의 심리적 상태, 사회적 환경 그리고 게임의 특성에 따라 다를 수 있다. 게임은 보상 시스템을 통해 플레이어의 동기를 자극한다. 게임 내에서 목표를 달성하거나 보상을 받을 때, 뇌는 도파민이라는 신경전달물질을 분비한다. 도파민은 쾌락과 보상을 느끼게 하는 화학 물질로, 이는 플레이어가 게임을 계속 하도록 동기를 부여한다.

나아가 게임은 사회적 상호작용을 촉진한다. 멀티플레이어 게임에서는 플레이어들이 협력하거나 경쟁하며 상호작용할 수 있다. 이러한 상호작용은 사회적 유대감을 형성하고, 외로움을 줄이며, 협력과 의사소통 능력을 향상하는 데 도움을 줄 수 있다. 그러나 게임 내의 부정적인 상호작용(예: 사이버 불링, 독성 플레이어)은 반대로 스트레스와 불안을 유발할 수 있다.

게임은 스트레스 해소와 정서적 건강에 긍정적인 영향을 미칠 수 있다. 게임은 플레이어에게 즐거움과 흥미를 제공하며, 일상생활에서 벗어나 심리적 휴식을 취할 수 있게 한다. 예를 들어, 편안한 게임 플레이와 몰입감 있는 스토리는 스트레스를 줄이고 긍정적인 감정을 느끼게 할 수 있다. 일부 게임은 인지적 기능을 향상하는 데 도움을 줄 수 있다. 예를 들어, 퍼즐 게임은 문제 해결 능력과 논리적 사고를 자극하며, 전략 게임은 계획 및 의사 결정 능력을 향상한다. 또한, 빠르게 진행되는 액션 게임은 반응 속도와 시각적 인지 능력을 향상하는 데 도움이 될 수 있다.

게임은 플레이어에게 자기 효능감과 성취감을 제공한

다. 게임 내에서 목표를 달성하고 어려운 도전을 극복하는 경험은 플레이어에게 자신감을 심어 주며, 이는 실제 삶에도 긍정적인 영향을 미칠 수 있다. 또한, 게임 내에서 얻은 성취감은 플레이어가 자신의 능력을 신뢰하고 더 큰 목표에 도전할 수 있도록 동기를 부여한다.

결론적으로, 게임은 개인의 심리에 다양한 영향을 미치며, 이는 긍정적일 수도 있고 부정적일 수도 있다. 게임의 긍정적인 측면을 최대화하고 부정적인 영향을 최소화하기 위해서는 건강한 게임 이용 습관과 적절한 균형이 필요하다. 게임 심리학 연구는 이러한 이해를 돕고, 게임 이용의 긍정적인 효과를 증진하는 데 중요한 역할을 한다.

참고문헌

Anderson, C. A. & Dill, K. E.(2000). Video games and aggressive thoughts, feelings, and behavior in the laboratory and in life. *Journal of personality and social psychology*, 78(4), pp.772–790.

Gentile, D. A., et al.(2004). The effects of violent video game habits on adolescent hostility, aggressive behaviors, and school performance. *Journal of adolescence*, 27(1), pp.5–22.

Granic, I., et al.(2014). The benefits of playing video games. *American psychologist*, 69(1), pp.66–78.

Kowert, R. & Quandt, T. (Eds.)(2016). *The video game debate: Unravelling the physical, social, and psychological effects of digital games.* Routledge.

Ferguson, C. J.(2007). The good, the bad and the ugly: A meta-analytic review of positive and negative effects of violent video games. *Psychiatric quarterly*, 78(4), pp.309-316.

Przybylski, A. K., et al.(2014). Electronic gaming and psychosocial adjustment. *Pediatrics*, 134(3), pp.e716-e722.

09
게임 산업과 경제

게임 산업은 글로벌 경제에서 중요한 역할을 하고 있다. 게임 개발, 출판, 마케팅 그리고 관련 하드웨어와 소프트웨어 판매는 대규모 경제적 가치를 창출한다. 예를 들어, 인기 있는 게임 하나의 성공은 수백만 달러의 수익을 창출할 수 있으며, 이는 게임 개발자, 디자이너, 마케터 등 다양한 직업군에 고용 기회를 제공한다. 또한, 게임 산업은 혁신적인 기술 발전을 촉진하며, 인공지능, 가상 현실 등의 기술을 상용화하는 데 기여한다.

AI와 화장품?

게임 산업

게임 산업은 최근 몇 년간 빠르게 성장하며 경제에 큰 영향을 미치고 있다. 이 산업은 콘텐츠 제작, 플랫폼 개발, 하드웨어 생산 등 다양한 분야에서 직접적인 고용을 창출하고, 간접적으로는 광고, 유통, 부가 서비스 등 연관 산업의 성장을 이끌어 경제 성장에 기여하고 있다.

특히, 급격히 성장한 e스포츠는 게임 산업의 저변을 확대하였고, 새로운 문화 콘텐츠로 자리매김하며, 청년들의 일자리 창출과 국가 이미지 제고에도 기여하고 있다. 롤드컵과 같은 국제적인 e스포츠 대회는 국가 인지도를 높이고, 관광객 유치에 기여하며, 게임 산업의 위상을 높이는 데 중요한 역할을 하고 있다.

게임 산업은 캐릭터, 스토리, 그래픽 등 다양한 요소가 결합된 고부가 가치 산업으로 많은 수익을 창출할 수 있다. 게임 제작, 유통, 마케팅 등 다양한 분야에서 일자리를 창출하며, 문화적으로도 중요한 산업이다.

이처럼 게임 산업은 기술 혁신과 소비자 수요 증가를 통해 앞으로도 계속 성장할 것으로 예상되며, 경제적 파급 효과도 커질 것이다. 게임 산업은 일자리 창출, 기술 발전, 관련 산업 육성 등을 통해 경제에 긍정적인 영향을 미칠 수 있다.

게임 산업의 미래는 밝아 보이며, 기술의 발전과 모바일 시장의 확대로 인해 더욱 큰 성장이 기대된다. 게임 산업은 또한 관광 산업과도 밀접한 관계를 맺고 있어 게임 관련 이벤트나 대회를 통해 많은 관광객들이 몰리고, 이는 지역 경제에도 큰 도움이 되고 있다.

e스포츠 산업

e스포츠는 전통적인 스포츠와 유사한 경쟁적 성격을 가지며, 주로 비디오 게임을 통해 이루어진다. e스포츠 산업은 전 세계적으로 급속도로 성장하고 있으며, 다양한 수익 창출 모델을 바탕으로 경제적 영향을 미치고 있다. 대표적인 e스포츠 게임으로 〈리그 오브 레전드〉, 〈배틀그라운드(PUBG, PlayerUnknown's Battlegrounds)〉, 〈카운터-스트라이크: 글로벌 오펜시브(CS: GO, Counter-Strike: Global Offensive)〉, 〈도타 2(Dota 2)〉, 〈오버워치(Overwatch)〉 등이 있다.

〈리그 오브 레전드〉는 라이엇 게임즈(Riot Games)가 개발한 멀티플레이어 온라인 배틀 아레나(MOBA, Multiplayer Online Battle Arena) 게임으로, 2009년에 출시되었다. 이 게임은 빠른 페이스와 전략적인 플레이로 많은 팬들을 확보하였으며, 현재 세계에서 가장 인기 있는 e스포츠 중 하나다. 매년 개최되는 〈리그 오브 레전드 월드 챔피언십〉은 글로벌 팬덤을 형성하고, 막대한 상금을 제공한다.

e스포츠 산업은 다양한 수익 창출 모델을 통해 경제적 성장을 이루고 있다. 기업 후원 및 광고, 관련 상품 및 입장권 판매, 스트리밍, 중계권, 퍼블리싱 수수료, e스포츠 베팅 등의 모델을 통해 수익을 창출한다. 다양한 글로벌 기업들이 e스포츠 팀과 대회를 후원하며, 광고를 통해 수익을 창출하고 있다. 예를 들어, 삼성, 코카콜라, 나이키 등은 〈리그 오브 레전드〉 대회의 주요 후원사로 활동하고 있다. e스포츠 팀과 대회는 팬들을 대상으로 다양한 관련 상품(굿즈)을 판매하며, 경기 입장권을 통해 수익을 얻는다. 인기 있는 대회는 높은 입장권 수익을 창출한다. 또한, e스포츠 경기는 트위치, 유튜브, 아프리카 TV와 같은 스트리밍 플랫폼을 통해 생중계되며, 광고 및 구독을 통해 수익을 창출한다. 리그 오브 레전드의 경우, 주요 대회는 수백만 명의 시청자를 끌어모으고 있다. e스포츠 경기를 방송하는 권리를 판매하여 수익을 창출하는 중계권 모델도 있으며, 이는 전통적인 스포츠 방송과 유사한 모델이다. 게임 개발사들은 e스포츠 대회에서 자사의 게임을 사용할 수 있도록 퍼블리싱 수수료를 받

으며, e스포츠 경기 결과에 대한 베팅을 통해 수익을 창출하는 e스포츠 베팅도 점차 확대되고 있다.

e스포츠는 단순한 오락을 넘어, 사회적 · 문화적 영향을 미치고 있다. e스포츠는 다양한 배경을 가진 사람들이 함께 소통하고 협력하는 플랫폼을 제공하며, 사회적 네트워크를 형성하고 글로벌 커뮤니티를 구축하는 데 기여한다. 또한, e스포츠는 다양한 문화적 요소를 결합하여 새로운 형태의 문화 콘텐츠를 창출하며, 젊은 세대에게 새로운 문화 경험을 제공하고, 문화 간의 이해와 교류를 촉진한다. 전략적 사고, 팀워크, 문제 해결 능력 등을 요구하는 e스포츠는 교육적으로도 활용 가치가 높다. 일부 학교와 대학은 e스포츠 관련 프로그램을 도입하여 학생들의 학습 동기 부여와 기술 향상을 도모하고 있다.

e스포츠 산업은 다양한 수익 모델과 사회적 · 문화적 영향을 바탕으로 급속도로 성장하고 있다. 특히, 〈리그 오브 레전드〉와 같은 인기 게임은 글로벌 팬덤을 형성하고, 막대한 경제적 가치를 창출하고 있다. e스포츠 산업은 기술 혁신과 사회적 변화에 따라 앞으로도 더욱 발전할 것으로 기대된다. 이를 위해서는 정부, 학계, 산업계의 협력이 필요하며, 지속 가능한 성장을 위해 다양한 연구와 지원이 이루어져야 한다.

세계적인 게임 회사

세계적으로 가장 큰 게임 회사 세 곳을 선정하여 게임 산업을 분석하면 다음과 같다.

첫째, 소니 인터랙티브 엔터테인먼트(Sony Interactive Entertainment)는 캘리포니아주 샌머테이오에 소재하고 있으며, 연간 약 29.8억 달러의 수익을 올린다. 이 회사의 주요 제품으로는 플레이스테이션 시리즈, 〈월드 오브 워크래프트〉, 〈그랜드 테프트 오토〉 등이 있다. 소니는 플레이스테이션 콘솔과 관련한 다양한 게임과 소프트웨어를 제공하며, 〈월드 오브 워크래프트〉와 같은 대표적인 게임들이 큰 인기를 끈다. 소니는 전 세계적으로 가장 큰 게임 회사로서, 혁신적인 기술과 다양한 게임 경험을 제공하여 많은 팬을 보유하고 있다.

둘째, 텐센트 인터랙티브 엔터테인먼트(Tencent Interactive Entertainment)는 중국 선전시 난산구에 소재하고 있으며, 연간 약 25.5억 달러의 수익을 올린다. 이 회사의 주요 제품으로는 페이스북 게임, 페이스북 카드, 페이스북 픽션 등이 있다. 텐센트는 중국의 대표적인 기술 기업으로, 페이스북 게임과 같은 다양한 게임을 제공하며 글로벌 시장에서 큰 성장을 이뤘다. 특히, 중국 내외에서 많은 사람들이 즐기는 게임들이 많다. 텐센트는 또한 다양한 게임 스튜디오와 협력하여 다양한 게임을 개발하고 있다.

셋째, 마이크로소프트 게이밍(Microsoft Gaming)은 미국 워싱턴주 레드먼드에 소재하고 있으며, 연간 약 21.5억 달러의 수익을 올린다. 이 회사의 주요 제품으로는 엑스박스 시리즈, 마이크로소프트 스토어, 레이블 스튜디오 등이 있다. 마이크로소프트는 엑스박스 콘솔과 관련한 다양한 게임과 소프트웨어를 제공하며, 레이블 스튜디오와 같은 인기 있는 게임 스튜디오를 소유하고 있다. 특히, 마이크로소프트 스토어를 통해 다양한 게임을 제공한다.

이 세 회사는 각각의 강점을 바탕으로 전 세계적으로 큰 성장을 이어 가며, 게임 산업의 발전에 크게 기여하고 있다. 게임 산업은 기술 혁신과 소비자 수요 증가를 통해 앞으로도 계속 성장할 것으로 예상되며, 경제적 파급 효과도 커질 것이다.

참고문헌

황동환(2017). 국내 게임 산업의 특성이 게임업체들의 이익조정에 미치는 영향. 부경대학교 대학원 석사 학위 논문.

KPMG(2018). 게임 산업을 둘러싼 10대 변화 트렌드.

10
미래의 게임 인문학

게임 인문학은 게임을 문화적, 사회적, 철학적 관점에서 탐구하는 학문으로 발전할 것이다. 게임은 단순한 오락을 넘어 예술, 문학, 역사 등의 다양한 영역과 융합될 것이다. 예를 들어, 게임 속 스토리텔링은 문학적 분석의 대상이 될 수 있으며, 가상 현실 게임은 사회적 상호작용의 새로운 형태를 제시할 수 있다. 또한, 게임은 인공지능 및 데이터 분석과 결합하여 새로운 학문적 연구의 장을 열 것이다.

종교와 AI?

게임 인문학과 미래

게임 인문학은 게임을 통해 인간의 문화를 이해하고 해석하는 학문이다. 이는 단순히 게임을 오락의 도구로 보는 관점을 넘어서, 게임이 어떻게 인간의 심리, 사회적 구조, 문화적 표현에 영향을 미치는지 탐구하는 학문적 접근을 의미한다. 미래의 게임 인문학은 기술의 발전과 사회적 변화에 따라 새로운 방향으로 나아갈 것이다. 다음은 게임 인문학이 나아갈 주요 방향을 학술적으로 설명한 것이다.

기술 혁신은 게임 인문학의 연구 범위를 확장하는 중요한 요소다. 가상 현실, 증강 현실, 인공지능 등의 기술 발전은 게임의 상호작용성과 몰입감을 한층 더 높여 준다. 이러한 기술들은 플레이어에게 더욱 생생한 경험을 제공하며, 게임 속에서의 인간 경험을 다차원적으로 탐구할 수 있게 한다. 예를 들어, VR 게임은 플레이어가 가상 공간에서 실제와 같은 체험을 하게 하여, 게임 내의 윤리적 딜레마와 도덕적 선택을 더욱 현실감 있게 경험하도록 돕는다. 이러한 기술적 혁신은 게임 인문학의 연구 주제와 방법론을 다양화하며, 게임이 인간의 감정, 인식, 윤리에 미치는 영향에 대해 더욱 깊이 있는 분석을 가능하게 한다.

미래의 게임 인문학은 게임이 사회적 책임을 다할 수 있도록 하는 방향으로 나아갈 것이다. 게임은 사회적 문제를 반영하고, 이를 해결하기 위한 도구로 사용될 수 있다. 예를 들어, 환경 문제, 인권 문제, 정치적 갈등 등을 다루는 게임을 통해 플레이어는 이러한 문제에 대한 인식을 높이고, 해결 방안을 모색할 수 있다. 게임 인문학은 이러한 사회적 책임을 다루는 게임의 효과와 한계를 분석하며, 게임이 사회적 변화에 기여할 수 있는 방안을 제시할 것이다.

미래의 게임 인문학은 문화 다양성을 존중하고 포용하는 방향으로 나아갈 것이다. 게임은 다양한 문화적 배경을 가진 플레이어들이 상호작용할 수 있는 플랫폼을 제공하며, 이를 통해 문화 간의 이해와 교류를 촉진할 수 있다. 예를 들어, 특정 문화의 전통과 역사를 반영한 게임은 플레이어에게 그 문화에 대한 깊은 이해를 제공할 수 있다. 게임 인문학은 이러한 문화적 표현과 상호작용을 분석하며, 게임이 문화 다양성을 존중하고 포용할 수 있는 방법을 탐구할 것이다.

미래의 게임 인문학은 윤리적 게임 디자인을 중요하게 다룰 것이다. 게임은 플레이어에게 다양한 윤리적 딜레마를 제시하며, 이를 통해 도덕적 성찰을 유도할 수 있다. 게임 개발자들은 플레이어가 윤리적 선택을 할 수 있게 도와주는 디자인 요소를 고려해야 하며, 이를 통해 게임이 윤리적 교육 도구로서의 역할을 할 수 있도록 해야 한다. 게임 인문학은 이러한 윤리적 게임 디자인의 원칙과 방법을 연구하며, 게임이 윤리적 가치를 증진할 수 있는 방안을 제시할 것이다.

게임은 인간관계를 형성하고 강화하는 데 중요한 역할을 한다. 미래의 게임 인문학은 게임이 어떻게 인간관계에 영향을 미치는지를 탐구할 것이다. 멀티플레이어 게임은 플레이어 간의 협력과 경쟁을 통해 사회적 상호작용을 촉진하며, 이는 인간관계의 형성과 유지에 긍정적인 영향을 미칠 수 있다. 게임 인문학은 이러한 상호작용의 효과를 분석하며, 게임이 인간관계를 강화할 수 있는 방안을 제시할 것이다.

미래 교육과 게임 인문학

미래 교육에서 인문학적 가치의 중요성은 그 어느 때보다 강조된다. 이는 기술과 과학이 주도하는 현대 사회에서 인간다움과 사회적 책임을 유지하고 강화하기 위한 필수 요소이기 때문이다. 다음은 미래 교육을 위해 인문학적 가치가 중요한 이유와 그 의미를 자세히 설명한 것이다.

미래 교육은 기술 중심의 학습을 넘어서 인간 중심의 교육을 지향해야 한다. 인문학은 인간의 본질, 가치, 윤리를 탐구하며, 학생들이 자신의 정체성과 사회적 책임을 이해하는 데 도움을 준다. 이는 학생들이 인간으로서의 정체성을 확립하고, 타인과의 관계를 존중하며, 사회적 문제에 대한 감수성을 키우는 데 중요하다.

인문학적 가치는 창의성과 비판적 사고를 증진하는 데 필수다. 문학, 철학, 역사 등의 인문학 분야는 학생들이 다양한 관점에서 문제를 바라보고, 창의적인 해결책을 모색하도록 한다. 이는 학생들이 복잡한 문제를 해결하고, 혁신적인 아이디어를 제시하는 능력을 기르는 데 도움을 준다. 또한, 비판적 사고는 정보의 홍수 속에서 진위를 구별하고, 합리적인 결정을 내리는 데 중요한 역할을 한다.

인문학은 윤리적 판단과 도덕적 성찰을 중요시한다. 학생들은 인문학 교육을 통해 윤리적 딜레마를 이해하고, 도덕적 기준을 확립하며, 사회적 책임을 다하는 법을 배운다. 이는 학생들이 올바르게 행동하고, 공정하고 정의로운 사회를 만드는 데 기여할 수 있도록 한다. 윤리 교육은 미래의 리더들에게 필수적인 요소로, 사회적 문제를 해결하고 지속 가능한 미래를 구축하는 데 중요한 역할을 한다.

미래 교육은 다양한 문화를 이해하고 존중하는 능력을 강조해야 한다. 인문학은 학생들이 다양한 문화적 배경을 이해하고, 문화 간의 교류와 소통을 촉진하는 데 도움을 준다. 이는 글로벌 사회에서 상호 이해와 협력을 증진하며, 학생들이 편견 없이 다른 문화를 존중하고 포용할 수 있도록 한다. 문화적 이해는 세계화된 사회에서 필수적인 덕목이며, 평화롭고 조화로운 사회를 만드는 데 기여한다.

인문학 교육은 학생들의 전인적 성장과 자아 실현을 돕는다. 이는 지식 습득뿐만 아니라, 정서적, 사회적, 도덕적 성장을 포함한 전인적 교육을 의미한다. 인문학은 학생들이 자신의 잠재력을 최대한 발휘하고, 자신의 삶을 주체적으로 설계할 수 있도록 돕는다. 이는 학생들이 자신의 가치와 목표를 명확히 하고, 이를 실현하기 위한 능력을 기르는 데 중요한 역할을 한다.

미래의 게임 인문학은 기술 혁신, 사회적 책임, 문화 다양성, 윤리적 게임 디자인, 인간관계 등의 주제를 중심으로 연구가 이루어질 것이다. 게임은 단순한 오락을 넘어, 인간의 심리, 사회적 구조, 문화적 표현에 깊은 영향을 미치는 중요한 매체로 자리 잡고 있다. 게임 인문학은 이러한 게임의 복잡한 영향을 탐구하며, 게임이 인간과 사회에 미치는 긍정적 변화를 이끌어 내는 데 기여할 것이다.

인문학적 가치는 기술 발전과 과학 지식의 중요성을 부인하는 것이 아니라, 이를 보완하고 강화하는 역할을 한다. 인간 중심의 교육, 창의성과 비판적 사고의 증진, 윤리적 판단과 도덕적 성찰, 문화적 이해와 다양성 존중, 전인적 성장과 자아 실현 등 인문학적 가치는 미래 사회에서 인간다움을 유지하고 강화하는 데 필수다. 이러한 가치는 학생들이 기술과 인간이 조화를 이루며, 지속 가능한 미래를 만들어 가는 데 중요한 역할을 한다.

참고문헌

이숙정(2021). 국내 게임 연구의 주제와 방법에 대한 메타 분석: 인론학, 청소년하, 심리학 분야 학술 논문을 중심으로. ≪한국게임학회 논문지(Journal of Korea Game Society)≫, 21(6).

이재홍 · 이용수(2012). 구비문학을 활용한 게임의 인문학적 상상력에 관한 고찰. ≪한국디지털정책학회 디지털융복합연구≫, 10(2).

이재홍 · 이용수(2012). 게임과 사회적 책임. ≪한국디지털정책학회 디지털융복합연구≫, 10(2).

이재홍 · 이용수(2012). 게임과 문화 다양성. ≪한국디지털정책학회 디지털융복합연구≫, 10(2).
이재홍 · 이용수(2012). 윤리적 게임 디자인. ≪한국디지털정책학회 디지털융복합연구≫, 10(2).

박주희

고려대학교에서 교육학 박사학위를 받았다. 고려대학교 교육문제연구소 연구교수, 예원예술대학교 교양학부 조교수, 영남대학교 의과대학 의료인문학교실 연구조교수, 서울과학기술대학교 교육혁신원 초빙교수로 재직했다. 주요 저서로 『인공지능(AI) 시대, 교육실천을 위한 교육철학 및 교육사』(공저, 2024), 『e스포츠개론』(공저, 2024)이 있다. 교육과 철학에 관한 10편 이상의 논문을 KCI 등 등재학술지에 게재했다. 현재 한국게임학회 교육이사로 활동하고 있으며, 한국e스포츠산업학회 기획이사다.